LA ESENCIA DEL
ANABAUTISMO

"Conciso, informativo, profundo… De lectura fácil y cautivadora para aquellos que quieren saber o recordar en qué consiste el cristianismo".

—**Publishers Weekly**

"Para todos aquellos refugiados y desencontrados espirituales que buscan una fe cristiana que refleje a Jesús de Nazaret, existe un nuevo hogar que los espera: el anabautismo. *La esencia del anabautismo* es un excelente punto de partida para un nuevo camino espiritual y un recordatorio de que no estás solo en tu búsqueda. Muchos de nosotros ya estamos aquí y te hemos dejado la luz encendida".

—*Benjamin L. Corey, autor de* Undiluted

"Un clarísimo resumen de las similitudes y diferencias entre el anabautismo y otras formas de cristianismo. *La esencia del anabautismo* será útil para los líderes de iglesias anabautistas a la hora de conversar sobre qué significa ser una iglesia anabautista hoy, aun o especialmente en contextos de diversidad cultural".

—*Arli Klassen, Congreso Mundial Menonita*

"*La esencia del anabautismo* profundiza los temas que Becker desarrolló en ¿Qué es un cristiano anabautista? Ese librillo se distribuyó ampliamente y ha impactado a las iglesias anabautistas de todo el mundo. *La esencia del anabautismo* ofrece una expansión que es muy bienvenida, alentando el estudio y el crecimiento espiritual".

—**Linda Shelly**, *directora de la Red Menonita*
de Misión para América Latina

"*La esencia del anabautismo*, de Palmer Becker, ilumina los profundos valores y principios cristianos que no son tomados en serio por las iglesias tradicionales, pero que son indispensables para un cristianismo auténtico. Este libro brinda recursos invaluables para aquellos que continúan la búsqueda de la visión original del reino de Dios".

—**KyongJung Kim**, *representante*
del Congreso Mundial Menonita para el noreste de Asia

"*La esencia del anabautismo* es una contribución significativa para aquellos que desean comprometerse con la misión de la iglesia. Es muy accesible y está bien organizado. Es amable al reconocer las contribuciones de otras denominaciones y ofrece excelentes preguntas para el debate, todo en un tono amigable y encantador".

—**Ron Mathies**, *exdirector ejecutivo*
del Comité Central Menonita

LA ESENCIA DEL
ANABAUTISMO

Diez rasgos de una fe cristiana singular

PALMER BECKER

Herald Press

Harrisonburg, Virginia

Library of Congress Cataloging-in-Publication Data
Names: Becker, Palmer, 1936- author. | Translation of: Becker, Palmer, 1936-
Anabaptist essentials.
Title: La esencia del anabautismo : diez rasgos de una fe cristiana singular / Palmer Becker.
Other titles: Anabaptist essentials. Spanish
Description: Harrisonburg, Virginia : Herald Press, 2017. | Includes bibliographical references.
Identifiers: LCCN 2017016632| ISBN 9781513802473 (pbk. : alk. paper) | ISBN 9781513802480 (ebook)
Subjects: LCSH: Anabaptists--Doctrines.
Classification: LCC BX4931.3 .B4318 2017 | DDC 284/.3--dc23 LC record available at https://lccn.loc.gov/2017016632

Las citas bíblicas están usadas con permiso y, salvo que se exprese de otra manera, pertenecen a la versión *Reina Valera Contemporánea de la Biblia,* copyright © 2009, 2011 por Sociedades Bíblicas Unidas. Las citas señaladas con NVI son tomadas de la *Nueva Versión Internacional* 1999 ©, División de Educación Cristiana del Consejo Nacional de Iglesias de Cristo en los Estados Unidos de América. Las citas señaladas con NTV pertenecen a *La Santa Biblia,* Nueva Traducción Viviente, © Tyndale House Foundation, 2010. Todos los derechos reservados.

LA ESENCIA DEL ANABAUTISMO
© 2017 por Herald Press, Harrisonburg, Virginia 22802. 800-245-7894.
Todos los derechos reservados.
Número de control de la Library of Congress: 2017016632
ISBN: 978-1-5138-0247-3 (paper); 978-1-5138-0248-0 (ebook)
Impreso en los Estados Unidos de América.
Portada y diseño interior: Merrill Miller
Imágenes interiores: Cynthia Friesen Coyle
Traducido por Cristina Horst

21 20 19 18 17   10 9 8 7 6 5 4 3 2 1

Dedicado a mis antepasados anabautistas,
que vivieron y murieron por su fe.

Índice

Introducción

ME INVITARON A DAR EL DISCURSO INAUGURAL EN UNA
conferencia en Hesston, Kansas, sobre el tema de "hacer discípulos". La presentación debía enfocarse en cómo compartimos
nuestra fe desde una perspectiva anabautista. Me vinieron a la
mente tres palabras: Jesús, comunidad y reconciliación. Luego
desarrollé estas tres palabras en las tres oraciones cortas que
han sido utilizadas y recordadas ampliamente: Jesús es el centro de nuestra fe. La comunidad es el centro de nuestra vida.
La reconciliación es el centro de nuestra tarea. Esas tres oraciones son valores centrales que se expandieron en el discurso
inaugural que ofrecí y después en un cuadernillo de 24 pági-
nas denominado "¿Qué es un cristiano anabautista?". Ahora, lo
que comenzó siendo tres palabras se convirtió en este libro, *La
esencia del anabautismo*.

Los primeros anabautistas vivieron según esos tres valores
aun cuando hacerlo les significaba la muerte. Aquellos valores
eran convicciones por las cuales sentían pasión. Me movilizan
a preguntar: "¿Cuáles son las convicciones y valores por los
cuales hoy estamos dispuestos a sufrir y morir?".

En este libro sugiero cómo esos valores podrían ser comprendidos y practicados en la actualidad. Escribo desde un
contexto norteamericano, pero con una profunda apreciación
por lo que he aprendido en numerosas experiencias laborales
de enseñanza en el sudeste de Asia, el Medio Oriente y América
del Sur. Agradezco las devoluciones y conversaciones sobre
cómo estas diez perspectivas se experimentan o se ven de manera diferente en otras culturas y lugares.

Los cristianos anabautistas sostienen muchas de las mismas

creencias que los demás creyentes. Creemos en un Dios trino y personal, que es a la vez santo y misericordioso. Creemos en la salvación por gracia mediante el arrepentimiento y la fe, en la humanidad y divinidad de Jesús, y en la inspiración y autoridad de las Escrituras. Creemos en el poder del Espíritu Santo y en la iglesia como cuerpo de Cristo. Sin embargo, los anabautistas tienden a sostener estas convicciones básicas de un modo diferente a otros cristianos. Aunque estas variaciones parezcan pequeñas, marcan una gran diferencia en cómo se percibe y practica la fe cristiana.

A menudo, los anabautistas han minimizado las diferencias con otros creyentes y resaltado las similitudes. Esto debe ser así. Sin embargo, dicha búsqueda de unidad también ha silenciado muchas de las cualidades y fortalezas singulares que la tradición anabautista podría ofrecer a la iglesia más amplia. Así como existen comprensiones que podemos aprender del estudio de la fe cristiana desde un punto de vista católico, luterano o bautista, también existen cualidades singulares que podemos aprender de aquellos que practican la fe cristiana desde una perspectiva anabautista. Cada expresión de la fe cristiana tiene algo que ofrecer a las demás.

En este libro describo, sin disculparme, diez maneras en las que los cristianos anabautistas son singularmente diferentes de muchos, o aun de la mayoría, de los cristianos. Al decir "singularmente diferentes", no quiero implicar que los anabautistas son mejores o que los otros están equivocados. Simplemente, estoy diciendo que los cristianos anabautistas tienen algo que añadir a la comprensión que otros tienen de la fe cristiana. Imagínese una cena interreligiosa a la canasta, en la que estos diez puntos de vista fueran los platos que los cristianos anabautistas tienen para poner en la mesa. Al aportar cada grupo sus perspectivas singulares, todos nos vemos fortalecidos. El objetivo de este libro es fortalecer la fe anabautista sin llegar a la competencia ni a la negatividad hacia otros puntos de vista.

Reconozco que, en la actualidad, algunas de las formas de ver la fe cristiana que resultaban particulares y esenciales para los primeros cristianos anabautistas ya son comunes, y muchos otros cristianos las dan por sentadas. De todos modos, algunas creencias y prácticas aún pueden parecerles desafiantes o confusas a personas de otras tradiciones.

Estos tres valores centrales, sobre los que se construye este libro, no son nuevos. Se cimientan en la persona y el ministerio de Cristo Jesús y eran básicos para la iglesia primitiva. En 1943, Harold S. Bender, presidente de la Sociedad Americana de la Historia de la Iglesia, interpretó estos tres valores en una declaración denominada *La visión anabautista*.[1] Allí explicó que los creyentes anabautistas conciben el cristianismo como *discipulado*, la iglesia como *fraternidad* y la práctica cristiana como una ética de amor y no resistencia.

Mientras que los programas y los objetivos pueden cambiar, los ejecutivos de empresas aconsejan que "los valores centrales particulares que originan una organización o movimiento no deben modificarse".[2] Se dice que son "sagrados". En este libro, defiendo estos valores centrales como la esencia de la fe cristiana y como medulares a lo que significa ser un cristiano anabautista.

El primer valor central, "Jesús es el centro de nuestra fe", se trata en los capítulos 1, 2 y 3. Este valor nos invita a seguir a Jesús en la vida diaria, interpretar las Escrituras desde su punto de vista y ver a Jesús como nuestra autoridad final.

En los capítulos 4, 5 y 6 se explora el segundo valor central: "La comunidad es el centro de nuestra vida". Este valor sostiene que el perdón horizontal es esencial para nuestra comunidad, que dar y recibir consejo es necesario para el discernimiento de la voluntad de Dios y que los grupos de estudio pequeños son la unidad básica de la iglesia.

En los capítulos 7, 8 y 9 se examina el tercer valor: "La reconciliación es el centro de nuestra tarea". Este valor habla acerca de cómo los individuos son reconciliados con Dios, cómo los miembros son reconciliados entre sí y cómo los creyentes deben funcionar como constructores de paz en un mundo quebrado.

Los capítulos 10 y 11 concluyen el libro. El capítulo 10 sostiene que los primeros anabautistas conformaban el movimiento carismático de la Reforma y que la obra del Espíritu Santo es esencial para la actualización y la práctica de la fe cristiana. El capítulo 11 permite la reflexión personal del lector sobre los puntos fundamentales de este libro.

Los tres valores centrales con su centro unificador pueden ilustrarse con el siguiente gráfico:

**Los tres valores centrales,
con la obra del Espíritu Santo en el centro.**

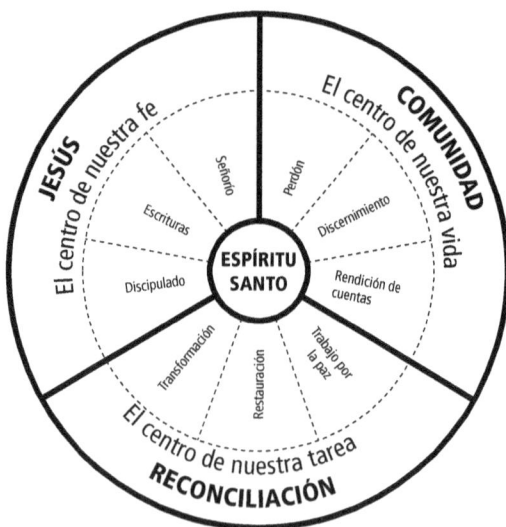

La brevedad de este libro es a la vez su fortaleza y su debilidad. He tendido a enfatizar las contribuciones positivas de los primeros anabautistas, no realzando adecuadamente las fortalezas de otras tradiciones de fe. Mi propósito al hacerlo es enfocarnos de esta manera en los ideales del movimiento anabautista para que puedan ser discutidos y aplicados en contextos actuales. Seré el primero en admitir que los anabautistas no siempre tenían razón y no siempre practicaban lo que predicaban.

Los seguidores de Jesús pueden creer profundamente y a la vez relacionarse cálidamente con aquellos que tienen otras convicciones. Todos necesitamos compartir en fraternidad, pensar y trabajar juntos cuando y donde sea posible. Al pensar y trabajar juntos, somos desafiados a compartir nuestras perspectivas y convicciones con el otro. Si bien tenemos que cuidarnos contra cualquier unión que pueda socavar nuestra vitalidad espiritual, tenemos que afirmar lo que otros están haciendo en el espíritu de Cristo. Cuando estemos en desacuerdo —sea como individuos, iglesias o denominaciones—, es esencial que conservemos un espíritu de amor. Un espíritu de amor incluye escucharnos cuidadosamente mientras compartimos con pasión las verdades que nos han servido de ayuda.

Para escribir estos capítulos, recibí especial ayuda de una presentación de Jeff Wright en Los Ángeles y de los autores Stuart Murray, Alfred Neufeld, John Roth y C. Arnold Snyder.[3] La *Confesión de fe desde una perspectiva menonita*, adoptada en 1995 por la Iglesia Menonita de EE. UU., fue un marco básico de referencia.[4] Barb Draber asistió en la preparación de las preguntas de debate. Cynthia Friesen Coyle dibujó las imágenes ilustrativas, y Mark Weising, Ally Siebert y Mandy Witmer ayudaron con la investigación y las primeras ediciones. Valerie Weaver-Zercher, como editora, brindó su maravilloso asesoramiento a lo largo de todo el proceso. A ellos y a mi paciente esposa Ardys les debo un agradecimiento sincero.

—Palmer Becker

Una breve historia del cristianismo

La iglesia primitiva nació en Pentecostés, cuando el Espíritu Santo descendió sobre un grupo de seguidores de Jesús reunidos en un aposento alto de Jerusalén (ver Hechos 1.12-14; 2.1-4). Ese día, el apóstol Pedro se paró delante de las multitudes y rogó al pueblo que se arrepintiera de sus lealtades, palabras y acciones erróneas y aceptaran a Jesús como el centro de su fe. Aquel día, se unieron a la iglesia aproximadamente tres mil personas (ver Hechos 2.38-40).

Durante los primeros 250 años, los cristianos fueron percibidos como un pueblo que llevaba visiblemente una nueva vida de obediencia a Jesús, a quien habían aceptado como su maestro, ejemplo y Señor. Muchos llamaban a los seguidores de Jesús "gente del Camino" (Hechos 9.2; 19.9, 23; 24.14, 22).

Según Hechos, eran personas transformadas que se reunían en sus hogares, compartían libremente sus posesiones y, con el paso del tiempo, recibieron a nuevos creyentes sin importarles su raza, clase u origen.

¿Qué cambios ocurrieron en la fe cristiana?

Desafortunadamente, durante los siglos siguientes, la fe cristiana sufrió tantos cambios que se convirtió como en una religión diferente.[1] Aunque la mayoría de los cristianos han celebrado que este tiempo trajo el final de la gran persecución y el crecimiento repentino de la iglesia incluyendo a casi todo el norte de África, Medio Oriente y Europa, los anabautistas han concebido este tiempo como la "caída" de la iglesia.

Dos hombres se convirtieron en símbolos de un giro fundamental del cristianismo original hacia lo que fue llamado la cristiandad, o la era y el dominio de la religión imperial. Uno de ellos era político y el otro, teólogo.

Constantino, el político, fue emperador del imperio romano entre 306 y 337 e. c.[2] Durante la batalla del Puente Milvio en 312, dijo haber tenido una visión de la cruz bajo las siguientes palabras en griego: "Por este signo vencerás". Ganó la batalla y, en consecuencia, detuvo la persecución a cristianos y permitió que la fe cristiana se convirtiera en una religión reconocida del imperio romano.

Constantino el Grande

Con el tiempo, Constantino se puso a la cabeza, no solo del imperio romano, sino también de la iglesia, que se expandía cada vez más. Millones de personas, incluyendo a gente pudiente e influyente, se hicieron "cristianos" en este período. Además, se lograron nuevos miembros a través de conquistas militares, ya que los emperadores "cristianos" obligaban a los conquistados a convertirse al cristianismo, aunque no quisieran. Como resultado, en lugar de estar la iglesia en el mundo, demasiado a menudo el mundo entró a la iglesia.

Desde un punto de vista anabautista, la iglesia perdió muchas de sus cualidades y características esenciales. Stuart Murray observa que la cristiandad "marginalizó, espiritualizó y domesticó a Jesús". Continúa diciendo que, en la cristiandad, "la enseñanza de Jesús está diluida, privatizada y desestimada. Se adora a Jesús como si fuera la figura de un rey de tiempos remotos o un salvador personal romantizado".[3]

En los primeros años, los creyentes en Cristo se reunían en grupos fraternales. Ahora, con la expansión de la iglesia,

se reunían en grandes estructuras ar-
quitectónicas que Constantino y luego
otros que lo siguieron mandaron construir. En lugar de enfatizar la necesidad
de que los creyentes siguieran a Jesús
en su vida diaria, se dio prominencia
a la doctrina religiosa, la experiencia
mística y el perdón de los pecados.
Se puso poco énfasis en la transformación interior de los creyentes para
pensar, sentir y actuar como su Señor.

Agustín de Hipona

Como resultado, las personas fueron
juzgadas más por la uniformidad de sus creencias que por la
vida que llevaban.

Agustín de Hipona (354-430 e. c.), el teólogo, se destacó
aproximadamente cien años después de que Constantino llegó
al poder.[4] Como Constantino, también tuvo una profunda experiencia de conversión; en la actualidad, algunos lo considera-
rían el más grande teólogo de la iglesia occidental. Sin embargo,
debido a sus enseñanzas, los líderes de la iglesia comenzaron a
enfocarse más en la muerte de Cristo que en su vida. Anselmo,
un teólogo posterior (1033-1109), ejerció especial influencia
sobre la cristiandad, llevándola a enfocarse en el misterio de
la muerte de Cristo por los pecados del mundo en lugar de en
Cristo mismo como un líder siervo a quien se debía seguir. En
lugar de decir "Jesús es el centro de nuestra fe", los seguidores
de Agustín y Anselmo decían más bien "La muerte de Cristo es
el centro de nuestra fe".

Durante los primeros 250 años de la existencia de la iglesia,
los seguidores de Cristo fueron una minoría perseguida que
adoraba en secreto o bajo presión en comunidades íntimas.
Ahora, con la cristiandad, se reunían en edificios ornamenta-
dos financiados por el Gobierno y los impuestos de la iglesia.

Anteriormente, los nuevos convertidos se sometían a una importante instrucción, recibían el bautismo de adultos y se unían a comunidades muy comprometidas; ahora se bautizaban a los individuos siendo infantes y todos los ciudadanos (excepto los judíos) eran considerados cristianos. Se perdió ampliamente el sentido de la iglesia como cuerpo de Cristo y con un funcionamiento similar al de una familia.

Los miembros de la iglesia primitiva compartían regularmente su fe con sus vecinos y habían llevado el evangelio a los todos los rincones del mundo conocido. Ahora la tarea de reconciliar a las personas con Dios y entre sí disminuyó considerablemente. Casi todos los cristianos de la iglesia primitiva habían rechazado el servicio militar. Ahora se esperaba que los cristianos, al igual que todos los demás, sirvieran en el ejército.

Durante la edad media, la mayoría de las personas creían que la gente común no necesitaba vivir como Jesús. Aunque los líderes religiosos enfatizaban cada vez más la oración y el perdón de los pecados, lo cierto es que la moralidad del clero y la gente común cayó a niveles muy bajos. El discipulado auténtico aún podía encontrarse en el movimiento monástico, pero durante mil años la mayoría de los cristianos vivieron bajo esta religión modificada llamada cristiandad. La fe islámica surgió en parte para corregir al cristianismo perdido.

¿Qué logró la Reforma protestante?

Entre 1200 y 1500 e. c., cierto número de líderes preocupados comenzaron a delatar serios problemas en su práctica de la fe cristiana. Uno de estos reformadores fue Martín Lutero (1483-1546), un monje alemán completamente instruido en la teología agustiniana. Ulrico Zuinglio, un pastor suizo (1484-1531) y Juan Calvino, un influyente teólogo francés (1509-64), fueron

otros. Ellos alzaron la voz para corregir la fe cristiana y renovar la iglesia.

A Lutero le resultaban particularmente ofensivas las prácticas de los
sacerdotes y papas, que ofrecían el
perdón de los pecados y la liberación
del purgatorio basándose en las buenas obras y la venta de indulgencias.
El 31 de octubre de 1517, Lutero clavó
una lista de noventa y cinco tesis a la
puerta de la iglesia de Wittenburg, Alemania, en un intento de abrir el debate

Martín Lutero

público sobre estos temas. Dicho acto inició la gran Reforma
protestante, de la cual surgió el movimiento anabautista.[5]

Lutero y otros líderes protestantes buscaban reformar la
iglesia, volviendo a sus valores y propósitos originales, tal
como se describen en las Escrituras. Se separaron de los poderes, las tradiciones y los rituales de la jerarquía de la iglesia
de Roma. En sus reuniones predicaban la salvación por gracia,
la justificación por la fe y el sacerdocio de todos los creyentes.
Creían que la iglesia existía allí donde la Palabra de Dios se
proclamara genuinamente y donde los sacramentos se admi-
nistraran correctamente.

En 1524, los campesinos de Alemania, ansiosos por liberarse
no solo de los mandatos de Roma sino también de las prácticas injustas del sistema feudal, iniciaron una serie de levantamientos contra sus crueles señores. En su interés por mantener
el orden y detener el caos, Lutero y Zuinglio se colocaron del
lado de las autoridades políticas y los señores feudales. Desa-
fortunada e inintencionalmente, con esto forjaron una nueva
alianza entre la iglesia y el Estado.

Los levantamientos impidieron que Lutero y Zuinglio im-
plementaran muchas de las reformas que pretendían. Junto a

la mayoría de los otros líderes de la Reforma, volvieron a las estructuras iniciadas por Constantino y a la teología esbozada por Agustín. Esto significó volver a la iglesia Estado como política de la iglesia, a la catedral como estructura de la iglesia, al bautismo de infantes como el rito introductorio a la iglesia, al uso de las armas por parte del Gobierno como herramienta de disciplina y a los Diez Mandamientos como referencia principal de ética. En muchos sentidos, se lograron pocos cambios.

¿Cómo comenzó la fe anabautista?

En la cúspide de la Reforma protestante, varios alumnos de Ulrico Zuinglio, incluyendo a Conrad Grebel (1498-1526), Félix Manz (1498-1527) y George Blaurock (1491-1529), se reunían periódicamente para estudiar la Biblia, debatir y orar en Zúrich, Suiza. Hans Denck (1495-1527), Pilgram Marpeck (f. 1556) y Jacob Hutter (1500-1536) iniciaron prácticas similares en el sur de Alemania y Moravia. Unos años después, Melchior Hoffman (1495-1543), Menno Simons (1496-1561), Obbe Philips (1500-1568) y su hermano Dirk Philips (1504-1568) llevaron las nuevas comprensiones a los Países Bajos.

Estos individuos, cada uno a su manera, redescubrieron a un Jesús vivo y activo. Si se les hubiera preguntado a estos alumnos sobre sus creencias y prácticas, es probable que coincidieran con los primeros discípulos al decir: "Jesucristo es el centro de nuestra fe. La comunidad es el centro de nuestra vida. La reconciliación es el centro de nuestra tarea". Llegaron a creer que la iglesia debía estar conformada por aquellos que hicieran una confesión adulta de fe y se comprometieran a seguir a Jesús en la vida diaria. El 21 de enero de 1525, Grebel, Manz y Blaurock se bautizaron entre sí. De este modo comenzó el movimiento anabautista (literalmente, los "rebautizadores").

Estos primeros anabautistas rompieron completamente con

los conceptos de cristiandad sostenidos por los líderes e instituciones tanto católicas como protestantes. Insistieron en que la iglesia existía no solo cuando la Palabra se predicaba con autenticidad y los sacramentos se administraban adecuadamente, sino también cuando sus miembros llevaban vidas revitalizadas de obediencia pública a Jesucristo. Para los anabautistas, la fe en sí misma no era suficiente ni para la salvación ni para la comunidad. Solo aquellos dispuestos a arrepentirse de sus falsas lealtades y obedecer a Cristo en su vida diaria podían ser miembros. El amor era la marca principal de la iglesia — un amor expresado en el cuidado mutuo entre los miembros, hacia otros y aun hacia sus enemigos.

Surgieron repentinamente decenas de grupos anabautistas, y en dos años los números se incrementaron hasta llegar a dos mil miembros. En 1527, sus líderes se reunieron en Schleitheim, Suiza, donde esbozaron una confesión de fe compartida que incluía declaraciones sobre el bautismo, la comunión, la separación del mal, la responsabilidad de los pastores, el decir la verdad y la negativa a participar de la violencia.[6] Pronto, los creyentes anabautistas fueron conocidos por su vida ejemplar. En los juicios públicos, se sospechaba que los hombres y mujeres que no bebían en exceso, no insultaban ni abusaban de sus empleados o familias eran anabautistas —y, por lo tanto, quedaban sujetos a la persecución y aun a la muerte.[7]

Tiempo después, Menno Simons, un exsacerdote católico de los Países Bajos, se unió a los anabautistas y se convirtió en un predicador itinerante. Reunía a los creyentes para estudiar la Biblia y conversar en sus hogares y otros lugares secretos.[8] Luego de la derrota de los extremistas radicales que habían tomado la ciudad de Münster, escribió obras extensas y logró unificar a gran parte del movimiento anabautista. Gracias a las visitas y la influencia de Menno, los miembros de los diversos grupos se conocieron primero como menistas y luego como menonitas.

Por afirmar el antiguo credo de los apóstoles y la salvación por gracia, estos primeros cristianos anabautistas/ menonitas (los términos se utilizaban a menudo intercambiablemente) se convirtieron en una especie de híbrido que era a la vez católico y protestante. Al describirlos, el autor y teólogo Walter Klaassen llegó a escribir *Anabautismo: ni católicos ni protestantes*.[9] A

Menno Simons

diferencia de los católicos, los anabautistas no tenían palabras sagradas, cosas sagradas, lugares sagrados ni personas sagradas. A diferencia de los protestantes, preferían pensar en sí mismos como individuos nacidos de nuevo y transformados, en lugar de justificados por la fe mediante la gracia.

Los anabautistas también hablaban más del Espíritu Santo que la mayoría de los líderes católicos o protestantes. Por estas razones, comenzaron a ser vistos como una tercera variedad de cristianismo. Algunos los han llamado el "ala izquierda" de la Reforma protestante. El autor Paul Lederach se refirió a los movimientos anabautistas como un "tercer camino".[10]

En sus grupos pequeños y cultos, los primeros anabautistas continuaron su redescubrimiento de Jesús y de las costumbres de sus primeros discípulos. Vivir según el Sermón del monte —posibilitado por la presencia empoderadora del Espíritu Santo— era el ideal de todos los miembros. Algunos de sus pasajes favoritos eran Hebreos 12.2 ("Fijemos la mirada en Jesús, el autor y consumador de la fe") y 1 Corintios 3.11 ("Porque nadie puede poner otro fundamento que el que está puesto, el cual es Jesucristo"). Hans Denck, uno de los primeros anabautistas, lo dijo con claridad cuando afirmó: "Nadie puede conocer verdaderamente a Cristo a menos que lo siga en la vida diaria, y nadie puede seguir a Cristo en la vida diaria a menos que verdaderamente lo haya conocido".[11]

¿Cómo ha crecido el anabautismo?

Los primeros cristianos anabautistas podrían compararse con una especie particular de grano de trigo. Las semillas particulares originales crecieron rápidamente. En dos décadas, el movimiento se había esparcido por todas las provincias de Europa y hasta Escandinavia hacia el norte y Grecia al sur. En algunos lugares, había más anabautistas que luteranos.[12]

Debido a sus comprensiones del bautismo y la iglesia, consideradas heréticas, los anabautistas fueron perseguidos por líderes tanto católicos como protestantes. La intensa persecución, que duró cien años, obligó a los primeros cristianos anabautistas a retirarse a comunidades aisladas o a huir a Moravia, Polonia, Norteamérica y Ucrania, donde había mayor seguridad para practicar sus creencias. Durante más de cuatrocientos años, estas comunidades seguras fueron como un frasco de granos no sembrados guardados en una repisa.

A comienzos del siglo XX y especialmente durante y después de la segunda guerra mundial, ocurrieron grandes cambios. Los jóvenes abandonaron sus comunidades seguras para ir a la guerra, a campamentos de servicio público civil o en busca de nuevos trabajos en la ciudad. Otros viajaron a misionar en Asia, África y América del Sur, donde encontraron nuevos desafíos y se involucraron con personas de diferentes culturas y creencias. Fue como si el frasco que contenía las semillas particulares anabautistas se hubiera tumbado del estante. Cayó al suelo y sus semillas se esparcieron por todo el mundo. Ahora debían crecer y producir semillas nuevas; de lo contrario, morirían. Afortunadamente, muchas de esas semillas se arraigaron en nuevos lugares, se mezclaron con otras especies y se convirtieron en un híbrido muy codiciado.

Los cristianos menonitas, que surgen del movimiento anabautista, conservan esta tradición, como también los creyentes amish, huteritas y Hermanos en Cristo. Hoy estos creyentes son aproximadamente dos millones y pueden encontrarse en más de cien países en todo el mundo.

En *La visión anabautista*, Harold S. Bender afirma: "Los grandes principios de libertad de conciencia, la separación de la iglesia y el Estado, el voluntarismo de la religión ... tan esenciales para la democracia, derivan finalmente de los anabautistas del período de la reforma, quienes los enunciaron claramente por primera vez y desafiaron al mundo cristiano a seguirlos en la práctica".[13]

¿Cómo seguimos aprendiendo de este tercer camino de comprensión de la fe cristiana? ¿Qué cualidades de la fe cristiana podemos aprender? ¿En qué sentido son esenciales aquellas cualidades, más que solo importantes? En los capítulos siguientes, compartiré, desde mi contexto y comprensión norteamericanos, diez rasgos de una fe cristiana singular. Le recomiendo esta fe para el diálogo y su práctica gozosa.

Preguntas para reflexionar y conversar

1. ¿Es posible fortalecer la fe anabautista sin llegar a la competencia u hostilidad hacia otras tradiciones? ¿De qué maneras se ha involucrado usted en el diálogo beneficioso con personas de otras denominaciones o creencias?

2. Reflexione sobre los siguientes contrastes entre la iglesia primitiva y la cristiandad. ¿Podemos abrazar ambas o debemos escoger una o la otra?

La iglesia primitiva enfatizaba:	La cristiandad enfatizaba:
La vida, las enseñanzas, la muerte y la resurrección de Jesús	El misterio, la muerte y la resurrección de Jesús
Se reunían en hogares	Se reunían en catedrales
Ministerio y evangelización	Doctrina y organización
Bautismo de adultos	Bautismo de infantes.
Vivir en paz	Servir en la guerra cuando se lo requería

3. ¿Por qué sería una experiencia diferente la adoración en pequeños grupos caseros a reunirse para ello en una gran catedral ornamentada? ¿Cuáles son las ventajas y desventajas de cada uno de estos contextos para la adoración?

4. ¿Qué piensa de la afirmación de Walter Klaassen de que el anabautismo no es ni católico ni protestante?

Primera parte

Jesús es el centro de nuestra fe

1

El cristianismo
es discipulado

*Si alguno quiere seguirme, niéguese a sí mismo, tome su
cruz cada día, y sígame.*
Lucas 9.23

¿CÓMO HABRÍA QUE RESPONDER A LA PREGUNTA '¿QUÉ ES EL
cristianismo?'? Aunque parece muy simple, la pregunta puede
responderse de muchas formas. Si bien todas las tradiciones
cristianas afirman que se centran en Jesús, cada una tiende a
interpretar esto a su propia manera. En este capítulo, quisiera
describir cómo Jesús y los primeros discípulos comprendieron
la fe cristiana y cómo la conciben varias tradiciones contemporáneas. Debemos comenzar con Jesús y la iglesia primitiva.

¿Cómo entendían el cristianismo los primeros cristianos?

Durante tres años, los primeros seguidores de Jesús vivieron,
comieron y trabajaron con Jesús. Observaron cómo él cuidaba

a los enfermos, sanaba a los enfermos, devolvía la vista a los ciegos, se relacionaba con los marginados, perdonaba a los pecadores, enseñaba a las multitudes y respondía a los enemigos. En estos años de ministerio compasivo y lleno del Espíritu —y mediante la muerte, la resurrección y la entrega de su Espíritu Santo posteriores—, el discipulado llegó a ser central para aquellos primeros seguidores.

Los primeros seguidores de Jesús fueron llamados discípulos. Aunque así se llamaba a todos los seguidores de cualquier gran maestro, los discípulos de Cristo fueron más allá de ser simples alumnos de Jesús. Su credo era "Jesucristo es el Señor" (Filipenses 2.11). Este compromiso debía ser vivido en un ambiente hostil donde se requería que todos juraran lealtad suprema a César y su orden dominante.

Para los discípulos, la máxima lealtad pertenecía a Jesús. Él estaba inaugurando el orden social de Dios. Este orden y las relaciones que incluía funcionaban como el cuerpo permanente de Cristo. La tarea de los discípulos y todos los posteriores seguidores era continuar lo que Jesús había comenzado. Siguieron su naturaleza y estilo en la vida diaria.

Vivir en obediencia gozosa a Jesús requería algo sobrenatural. Exigía a los seguidores "nacer de nuevo" (Juan 3.3). Nacer de nuevo significaba comenzar de nuevo. Los discípulos debían arrepentirse, o dar un giro, dejando así de seguir a otros señores o lealtades y comprometiéndose a seguir a Jesús como su Señor vivo. En Pentecostés recibieron al Espíritu Santo, que les dio la inspiración y el poder necesarios para vivir como lo hizo Jesús.

La instrucción final de Cristo a aquellos discípulos fue hacer más discípulos, y eso es lo que hicieron. Aun cuando por la persecución se les volvió difícil, aquellos primeros cristianos compartieron en todo el imperio romano sus comprensiones acerca de Jesús y lo que significaba seguirlo. Los primeros seguidores fueron conocidos como "la gente del Camino" porque seguían el camino de Jesús en su vida.

¿Cómo entienden el cristianismo los creyentes de hoy?

A continuación, se detallan cuatro maneras en que las personas de diferentes tradiciones responden a la pregunta "¿qué es el cristianismo?". Estos puntos de vista se expresan en la ilustración.

La fe cristiana

¿El cristianismo es un conjunto de creencias?

Los creyentes de las iglesias litúrgicas tienden a colocar el énfasis en Dios Padre y en un conjunto de creencias correctas. Enseñan las creencias básicas de la fe cristiana en las clases de confirmación o membresía y repiten el credo de los apóstoles cada domingo. Algunos incluso podrían llegar a decir "El cristianismo es creer".

Las creencias son importantes, y todos podemos aprender de las personas de las iglesias litúrgicas, que dan mucha importancia a los credos y las declaraciones de fe. El apóstol Pablo da su apoyo a las creencias con esta promesa a los primeros cristianos: "Si confiesas con tu boca que Jesús es el Señor y crees

en tu corazón que Dios lo levantó de los muertos, serás salvo"
(Romanos 10.9).

Los seguidores de Cristo pierden el equilibrio cuando enfatizan un área de la fe cristiana, como las creencias, a expensas de otras. Los cristianos de una perspectiva anabautista afirman que la fe cristiana incluye un conjunto de creencias, pero insisten en que el énfasis en la ortodoxia, o creencias correctas, debe mantenerse en equilibrio con otros aspectos de la fe cristiana, especialmente la ortopraxia, o prácticas correctas.

La fe cristiana podría verse como una combinación entre creer, pertenecer y comportarse.[1] John Wesley (1703-91) identificó estas partes del cristianismo como la ortodoxia (creencias correctas), la ortopatía (experiencias correctas) y la ortopraxis (prácticas correctas).[2]

¿El cristianismo es una experiencia espiritual?

Los cristianos carismáticos y pentecostales tienden a poner el énfasis en el Espíritu Santo y las experiencias espirituales especiales (ortopatía). Los cristianos de esta convicción suelen dar testimonio de que llegaron a la fe a través de una experiencia sobrenatural como la sanación, la liberación de demonios o guiados de algún modo especial. Algunos llegarían a decir incluso que hablar en lenguas es el indicador esencial de que uno es cristiano.

Los anabautistas afirmarían que la experiencia espiritual es parte de la fe cristiana. Reconocen que Jesús realizó milagros sobrenaturales y que los primeros cristianos vieron a los apóstoles llevar a cabo muchas maravillas y señales (ver Hechos 2.43). Pero los cristianos anabautistas advierten que la fe cristiana no puede describirse como una experiencia espiritual o limitarse a ella.

¿El cristianismo es una experiencia de perdón?

Los cristianos evangélicos enfatizan la experiencia sagrada de ser perdonados por Dios. Algunos evangélicos, luego de predicar el evangelio de manera convincente, invitan a aquellos que quieren convertirse en cristianos a hacer la "oración de los pecadores". Algunos llegarían a decir que uno tendría que poder nombrar el momento y lugar en que hizo la confesión del pecado y recibió el perdón.

Los cristianos de perspectiva anabautista afirman que la confesión del pecado y el perdón son esenciales para la salvación. Jesús comenzó su ministerio diciendo: "Arrepiéntanse y crean" (Marcos 1.15). Pero el perdón no es la suma total de la fe cristiana. Aunque hacer la oración del pecador puede iniciar el camino cristiano y puede considerarse un requisito mínimo para entrar al cielo, la fe cristiana es más que el perdón.

¿El cristianismo es discipulado?

Los cristianos anabautistas afirman que el cristianismo incluye las creencias, las experiencias espirituales y el perdón. Pero ponen un énfasis especial en seguir a Jesús en la vida diaria. Los anabautistas cristianos serían capaces de decir: "¡El cristianismo es discipulado!".

El discipulado significa seguir a Jesús en la vida diaria. Requiere tener el mismo estilo de vida que Jesús. Él dijo: "Si ustedes permanecen en mi palabra, serán verdaderamente mis discípulos" (Juan 8.31). Los discípulos obedecen gozosamente a Jesús por lo que él hizo y continúa haciendo por ellos.

Así como otras tradiciones podrían enfatizar las creencias correctas, las experiencias correctas o el perdón correcto a expensas de otras cualidades, los anabautistas corren el peligro de enfatizar la práctica correcta a expensas de ignorar otros aspectos de la fe. J. I. Packer, un reconocido teólogo anglicano, me compartió una vez: "Me frustra que los anabautistas no se tomen tiempo para pensar, aparentemente. ¡Siempre están *haciendo* cosas! Pero entonces debo admitir que están haciendo más que nosotros".[3]

El discipulado insiste en que la fe y la obediencia deben ir juntas. La fe requiere obediencia, y la obediencia requiere fe. Santiago insiste en que sin obediencia no hay fe cuando dice: "Lo mismo sucede con la fe: si no tiene obras, está muerta" (Santiago 2.17).

Jesús mismo dijo: "No todo el que me dice: 'Señor, Señor', entrará en el reino de los cielos, sino el que hace la voluntad de mi Padre que está en los cielos. En aquel día, muchos me dirán: 'Señor, Señor, ¿no profetizamos en tu nombre, y en tu nombre echamos fuera demonios, y en tu nombre hicimos muchos milagros?' Pero yo les diré claramente: 'Nunca los conocí. ¡Apártense de mí, obreros de la maldad!' (Mateo 7.21-23).

¿Cómo llegaron a esta fe los primeros anabautistas?

A través del estudio bíblico, la conversación y la oración, los primeros anabautistas redescubrieron a Jesús. Encontraron que su vida, sus prioridades y mandatos estaban escritos claramente en los Evangelios. Cimentaron su obediencia a Jesús en el Sermón del monte. El Espíritu Santo les recordó quién era Él, qué había dicho y cuál era su voluntad.

"Jesús es el centro de nuestra fe" es el primer valor central de la fe anabautista. Mientras que otras tradiciones también podrían afirmar que Jesús es central, los cristianos anabautistas han enfatizado fuertemente que el seguimiento obediente de Cristo, no solo creer, es lo que hace que Jesús ocupe el lugar central. El bautismo de adultos comunica a la familia, los amigos y la comunidad de fe que la persona está comprometida a seguir a Jesús en la vida diaria.

Doris Janzen Longacre, una teóloga menonita ya fallecida y autora del libro de cocina *More-with-Less,* confirmó esto al escribir: "Podemos ensayar hechos de nuestro pasado, compartir experiencias y destilar las normas para guiar las decisiones futuras. Podemos asistir a talleres y conferencias, adquirir aún mayor experiencia y coleccionar una biblioteca que nos ayude. Pero cuando cerramos los libros y volvemos a casa luego de las conversaciones, una voz aún habla en el silencio. Para los cristianos es el llamado a la obediencia".[4]

Los primeros anabautistas se sintieron alentados por las palabras de Jesús, que dijo: "Vengan, benditos de mi Padre, y hereden el reino preparado para ustedes desde la fundación del mundo. Porque tuve hambre, y ustedes me dieron de comer; tuve sed, y me dieron de beber; fui forastero, y me recibieron; estuve desnudo, y me cubrieron; estuve enfermo, y me visitaron; estuve en la cárcel, y vinieron a visitarme" (Mateo 25.34-36).

Jesús culmina su famoso Sermón del monte, que funciona como manifiesto de la fe cristiana, diciendo: "A cualquiera que me oye estas palabras, y las pone en práctica, lo compararé a un hombre prudente, que edificó su casa sobre la roca. Cayó la lluvia, vinieron los ríos, y soplaron los vientos, y azotaron aquella casa, pero ésta no se vino abajo, porque estaba fundada sobre la roca. Por otro lado, a cualquiera que me oye estas palabras y no las pone en práctica, lo compararé a un hombre insensato, que edificó su casa sobre la arena. Cayó la lluvia, vinieron los ríos, y soplaron los vientos, y azotaron aquella casa, y ésta se vino abajo, ¡y su ruina fue estrepitosa!" (Mateo 7.24-27).

¿Cómo entendemos nosotros el discipulado?

Si la esencia del cristianismo es el discipulado, o seguir a Jesús en la vida diaria, es importante que comprendamos claramente lo que ello significa. Los cristianos de la corriente anabautista creen que cuando una persona llega a la edad de rendición de cuentas —es decir, cuando una persona tiene la edad suficiente para hacerse responsable de sus decisiones— debe tomar la decisión, o una serie de decisiones, de dar un giro dejando otras lealtades y modos de vida para seguir a Jesucristo. Michele Hershberger, profesora de Biblia y ministerio, escribe en *God's Story, Our Story* (La historia de Dios, nuestra historia): "No es suficiente poder explicar lo que significa cada cosa de la historia y saber cómo todo se conecta. Al saber todo esto, usted debe tomar una decisión. ¿Seguirá usted a Jesús? ¿Le dirá que sí?"[5]

Tal decisión podría significar un nuevo comienzo, tanto en lo personal como en el contexto de un nuevo grupo. Cuando Jesús dijo "es necesario que ustedes nazcan de nuevo" (Juan 3.7), se refería a algo más que "ser salvos". Mientras que salvarse significa a menudo liberarse de malos hábitos o salvarse del infierno al final de la vida, nacer de nuevo significa comenzar un nuevo modo de vida en esta vida. Nacer de nuevo produce la transformación de los pensamientos, actitudes y acciones, y permite empezar de nuevo.

Mi padre, cuyo primer idioma fue el alemán, entendía el cristianismo como *nachfolge Christi*, que significa "seguir a Jesús". En su bautismo, quedó perplejo ante la pregunta "¿Eres salvo?". Su respuesta fue: "Yo soy un seguidor de Jesús". Fue bautizado tras esa confesión de fe.

David Augsburger, profesor de cuidado pastoral y consejería, señala que los anabautistas, desde su comienzo en 1525 hasta el presente, han perseguido un sueño. Este sueño sugiere que:

- Es razonable seguir a Jesucristo diaria, radical y totalmente en la vida.

- Es posible obedecer el Sermón del monte y todo el Nuevo Testamento literal, honesta y sacrificadamente.

- Es concebible practicar el camino de la reconciliación en amor en los conflictos humanos y la guerra, sin estar a la defensiva y no resolutivamente.

- Es posible confesar que Jesús es Señor sobre todo nacionalismo, racismo o materialismo.

- Es viable construir una iglesia comunitaria de hermanos y hermanas voluntariosos, disciplinados y comprometidos unos con otros en Cristo.

- La vida puede vivirse de manera simple, siguiendo el camino de Jesús en el estilo de vida, con las posesiones y en el servicio.[6]

¿Qué es esencial para el cristianismo anabautista?

Comprender que "¡El cristianismo es discipulado!" es esencial para entender el cristianismo desde una perspectiva anabautista. ¡Significa continuar haciendo en la actualidad lo que Jesús comenzó en el año 30 e. c.!

El discipulado es el resultado de ser transformados mediante una relación activa con Jesucristo. Es una manera emocionante de ver y vivir la fe cristiana.

"¿Podemos caminar junto a otros cristianos?", pregunta César García, secretario general del Congreso Mundial Menonita, una asociación internacional de iglesias anabautistas. "Sí . . . pero no solamente porque compartimos un conjunto de doctrinas teóricas que debemos confesar intelectualmente. Antes bien, compartimos convicciones y relaciones que son el fruto de nuestro caminar con Cristo, al igual que nuestros antepasados del siglo XVI".[7]

Así como existen varias maneras de responder a la pregunta

"¿Qué es el cristianismo?", también existen varias maneras de responder a la pregunta "¿Cómo interpretamos las Escrituras?". Exploraremos esas maneras en el próximo capítulo.

Preguntas para reflexionar y conversar

1. ¿Cómo respondería usted a la pregunta "¿Qué es el cristianismo?"?

2. Reflexione sobre los puntos de vista contrastantes que pueden encontrarse dentro de la fe cristiana:

Muchos cristianos enfatizan que:	Los cristianos anabautistas enfatizan que:
• El cristianismo se trata principalmente de las creencias.	• Las creencias son importantes, pero no son lo principal.
• El cristianismo se trata principalmente de la experiencia espiritual.	• La experiencia espiritual es importante, pero no es lo principal.
• El cristianismo se trata principalmente del perdón.	• El perdón es importante, pero no es lo principal.
• El cristianismo se trata principalmente de la salvación eterna.	• El cristianismo se trata principalmente de seguir a Jesús en la vida diaria

3. ¿Qué diferencia práctica producirá que una persona afirme que "El cristianismo es discipulado"?

4. ¿De qué manera es la declaración "Cree en el Señor Jesucristo", de Pablo y Silas (Hechos 16.31), igual a "Sigue a Jesús en la vida cotidiana"?

2

Las Escrituras se interpretan a través de Jesús

Dios, que muchas veces y de distintas maneras habló en otros
tiempos a nuestros padres por medio de los profetas, en estos
días finales nos ha hablado por medio del Hijo.
Hebreos 1.1-2

¿CÓMO DEBEMOS INTERPRETAR LAS ESCRITURAS? LAS DIFE-
rencias de interpretación suelen estar en la raíz de muchas
divisiones y malos entendidos entre los creyentes. Sara Wenger
Shenk, presidente del Seminario Bíblico Anabautista Menonita
se lamenta: "La Biblia se ha convertido en el campo de batalla
sobre el cual se libran las guerras culturales actuales. Nuestra
iglesia está fragmentándose debido a las maneras erróneas de
leer e interpretar la Biblia".[1]

En este capítulo, explico cuatro abordajes a la interpretación de las Escrituras. Luego exploraremos cómo los cristianos

anabautistas llegaron a comprender y obedecer las Escrituras de manera un tanto distinta de otros o aun de la mayoría de los demás cristianos.

¿Cómo llegaron las Escrituras hasta nosotros?

Comenzando por Moisés y abarcando un período de aproximadamente mil quinientos años, más de cuarenta autores escribieron, bajo la guía del Espíritu Santo, los sesenta y seis libros de la Biblia. Algunos libros del Nuevo Testamento se escribieron por primera vez cincuenta o hasta cien años después del nacimiento de Cristo. Los primeros cristianos conocían los pergaminos del Antiguo Testamento, pero predicaban y ministraban básicamente a partir de lo que ellos y los apóstoles recordaban del ministerio y el espíritu de Jesús. Con el paso del tiempo, los líderes cristianos eligieron los libros actuales de la Biblia y desarrollaron varias maneras de interpretarlos. Por ejemplo, Agustín desarrolló un abordaje complejo de interpretación bíblica que comprende cuatro aspectos, sugiriendo que cada pasaje de las Escrituras posee potencialmente cuatro significados. Estos son:

1. El literal: lo que el pasaje dice acerca del pasado.
2. El alegórico: lo que el pasaje dice acerca de Cristo.
3. El moral: lo que el pasaje dice acerca de cómo vivir.
4. El profético: lo que el pasaje dice acerca del destino final de los humanos.

Dentro de estos parámetros, la interpretación de las Escrituras se hizo muy difícil, de manera que, por más de mil años, el estudio de la Biblia se entregó a monjes formados y eruditos que por lo general interpretaban las Escrituras según la tradición. Después, durante la Reforma del siglo XVI, Martín

Lutero y otros tradujeron la Biblia a los idiomas comunes de la gente. Entre 1516 y 1550, aparecieron en Europa cerca de treinta traducciones nuevas de la Biblia.[2] Con la invención de la imprenta, de repente, fue posible que los creyentes comunes accedieran a las Escrituras. ¡Ansiosos lectores compraban las traducciones en cuanto aparecían!

Lutero predicaba la *sola Scriptura*, que significa "por la Escritura sola". Aunque sostenía que solo la Biblia debía determinar la fe y la vida, mantuvo muchos modos tradicionales de interpretar la Biblia y por lo tanto no otorgó plena libertad al pensamiento religioso.

Como muchos otros cristianos, los primeros anabautistas creían que las Escrituras eran inspiradas y "útil[es] para enseñar, para redargüir, para corregir, para instruir en justicia" (2 Timoteo 3.16). Tenían muchas discusiones con otros reformadores sobre cómo interpretar las Escrituras.

Al igual que durante la Reforma, en tiempos recientes hemos sido inundados por traducciones y nuevas formas de comunicación. En medio de la nueva disponibilidad de las Escrituras, cuatro abordajes o métodos de interpretación de las Escrituras se han vuelto de uso corriente: (1) el plano o literal; (2) el dispensacional; (3) el espiritualizado cristocéntrico; y (4) el ético cristocéntrico. A continuación, ofrezco una breve explicación de cada uno de estos abordajes.

¿Qué es el abordaje plano de la Biblia?

Muchos cristianos creen que toda la Escritura posee igual valor o autoridad. Apoyan la Biblia de manera plana, o llana, y hacen poca distinción entre el Antiguo y Nuevo Testamento. Por ejemplo, lo que Moisés dijo en Deuteronomio está a la par de lo que dijo Jesús en el Sermón del monte. Esta visión representa el abordaje de la "Biblia plana" a la interpretación bíblica.

El abordaje plano de la Biblia

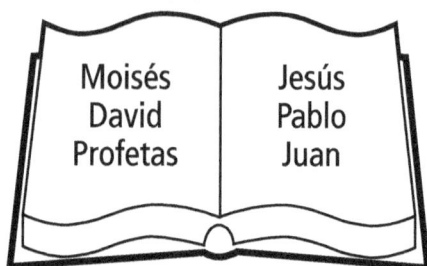

Moisés	Jesús
David	Pablo
Profetas	Juan

Los cristianos que utilizan el abordaje plano de la Biblia son a menudo bastante literales en su interpretación. Podrían decir: "Yo solo leo la Biblia y hago lo que dice". Sin embargo, como no es posible hacer todo lo que la Biblia dice, son selectivos en lo que eligen enseñar y hacer. Además, todos interpretan inevitablemente lo que leen de acuerdo a su comprensión individual moldeada por el trasfondo y el contexto.

Cuando los intérpretes de la Biblia plana se enfrentan a asuntos sociales o políticos como las guerras, la pena de muerte o el procesamiento de personas con conductas anormales, suelen utilizar pasajes del Antiguo Testamento para fundamentar sus creencias y acciones, aun cuando aquellos textos difieren de las enseñanzas de Jesús en el Nuevo Testamento. Cuando se enfrentan a asuntos de ética personal, a menudo recurren a las epístolas. Los Evangelios son omitidos.

Cuando examinamos las Escrituras, es importante recordar que mucho de lo que está escrito es descriptivo en vez de prescriptivo. En otras palabras, la Biblia *describe* lo que la gente de aquel tiempo pensaba o hacía, pero no necesariamente *prescribe* que eso es lo que debemos hacer hoy en día. Por esta razón, no podemos solo "leer la Biblia y hacer lo que dice".

Para los primeros cristianos anabautistas, no era suficiente que los líderes estudiaran solo la Escritura escrita al preparar la enseñanza y la predicación. Necesitaban tanto la Palabra como el Espíritu. Se encontraban en problemas cuando elevaban la palabra literal escrita por sobre el Espíritu o cuando elevaban al Espíritu por encima de la palabra escrita. "Los anabautistas enseñaban 'la Escritura y el Espíritu juntos'", observa el autor C. Arnold Snyder.[3] Esto contrastaba con el abordaje de "solo la Escritura" de Lutero. Se ha dicho, algo vulgarmente, que "Si solo tienes la palabra, te secas. Si solo tienes al Espíritu, explotas. Pero si tienes ambos, Palabra y Espíritu, ¡creces!".[4]

Por estas razones, los cristianos anabautistas no creen que el abordaje plano de la Biblia sea el mejor método para interpretar las Escrituras.

¿Qué es el abordaje dispensacional?

John Darby, un líder de los Hermanos de Plymouth, propuso por primera vez el abordaje dispensacional a la interpretación de las Escrituras en el siglo XIX. Aquellos que mantienen este enfoque creen que Dios tiene voluntades diferentes en diferentes "dispensaciones" o períodos de la historia. Las Escrituras y la voluntad de Dios deben interpretarse según ese período.

Como muestra la ilustración, las cuatro (o más) dispensaciones bíblicas incluyen las eras de la promesa patriarcal, la era de la ley mosaica, la era de la iglesia y el final del milenio, cuando Jesús regrese a reinar en la tierra.

El abordaje dispensacional

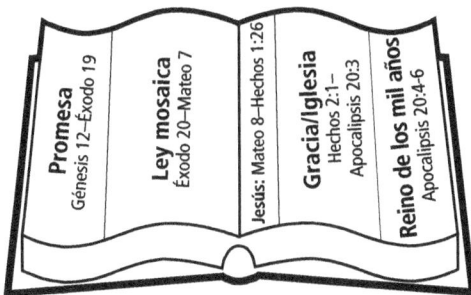

El dispensacionalismo se enfoca en el pacto antiguo y el pueblo israelita en vez de enfocarse en Jesús y la iglesia. Venera las profecías por encima del simple vivir. Como resultado, muchos cristianos zionistas y evangélicos enfatizan más las profecías que la justicia bíblica. Esto se evidencia especialmente en las actitudes hacia la nación de Israel y su ocupación de la tierra palestina.

Lo más desafortunado es que, para el abordaje dispensacional, las enseñanzas de Jesús, tal como se encuentran en el Sermón del monte, se consideran aplicables solo para el tiempo en que Jesús habitaba la tierra y para cuando él regrese. No se espera ni se alienta a los cristianos de hoy a vivir según el Sermón del monte.

Por estas razones, los cristianos anabautistas no creen que el abordaje dispensacional sea el mejor para interpretar las Escrituras.

¿Qué es el abordaje espiritualizado cristocéntrico?

La mayoría de los cristianos afirman un abordaje de la interpretación de las Escrituras cristocéntrico, pero muchos espiritualizan a Jesús. Su comprensión de él está limitada en gran parte a su muerte sacrificial en la cruz. Este abordaje pone gran énfasis en las Escrituras del Antiguo Testamento que creen que se anticipan al momento en que Jesús entregaría su vida como sacrificio final por los pecados del mundo, y en las Escrituras del Nuevo Testamento que miran ese acontecimiento en retrospectiva. El abordaje podría representarse del siguiente modo:

El abordaje espiritualizado cristocéntrico

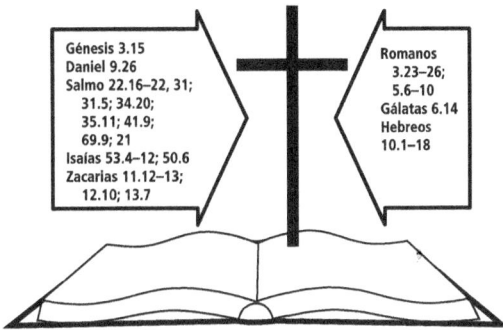

Génesis 3.15
Daniel 9.26
Salmo 22.16–22, 31;
  31.5; 34.20;
  35.11; 41.9;
  69.9; 21
Isaías 53.4–12; 50.6
Zacarías 11.12–13;
  12.10; 13.7

Romanos
  3.23–26;
  5.6–10
Gálatas 6.14
Hebreos
  10.1–18

Aquellos que emplean este abordaje espiritualizado y más estrecho de Jesús corren el riesgo de interpretar algunas Escrituras del Antiguo Testamento de maneras que no responden a la intención de los autores originales. Lo que es aún más serio, se enfocan casi por completo en la muerte sacrificial de Jesús y dejan de ver que el modo en que Jesús vivió y lo que él representaba fueron los factores claves que lo condujeron a su muerte. Aquellos que adhieren al abordaje espiritualizado cristocéntrico en la interpretación de las Escrituras predican y enseñan generalmente a partir del Antiguo Testamento o de las epístolas de Pablo, en vez de hacerlo a partir de la vida y las enseñanzas de Jesús.

Aunque los cristianos anabautistas afirman la importancia fundamental de la muerte de Cristo, no creemos que el abordaje espiritualizado cristocéntrico sea el mejor método para la interpretación de las Escrituras. Este abordaje no logra enfatizar adecuadamente la esencia de la fe cristiana, la cual reside en seguir a un Jesús vivo en el contexto de una comunidad centrada en Jesús.

¿Qué es el abordaje ético cristocéntrico?

Un cuarto abordaje de la interpretación de las Escrituras sostiene que, como Jesús es la revelación más plena de Dios y de su voluntad, él es la clave para interpretar las Escrituras. La Biblia entera debe ser interpretada a través de los ojos y la naturaleza de Jesús. "En el centro de la Biblia está Jesús", dice Bruxy Cavey, pastor de enseñanza en *The Meeting House*. "Jesús está en el centro de quiénes somos. Para conocer a Jesús lo mejor que podamos, el Sermón del monte es un maravilloso punto de partida".[5]

"Si todo lo que las Escrituras hacen es presentarme a Jesucristo", sostiene el misionero Peter Kehler, "¡eso es suficiente!". Continúa diciendo: "Las Escrituras hacen mucho más, pero su mayor contribución es que nos presentan a Jesucristo, quien es nuestro Salvador y guía".[6]

¿Por qué se le otorga a Jesús tanta prioridad? Abraham, Moisés, David y los profetas fueron teniendo cada vez más comprensión de Dios y de su voluntad. Cada uno fue construyendo a partir de las comprensiones de los demás y las revelaciones adicionales que les fueron dadas. En este proceso, la naturaleza de Dios y su voluntad se manifestaron con mayor claridad en Jesucristo. Esto se afirma brevemente en el libro de Hebreos: "Dios, que muchas veces y de distintas maneras habló en otros tiempos a nuestros padres por medio de los profetas, en estos días finales nos ha hablado por medio del Hijo . . . [quien] es el resplandor de la gloria de Dios. Es la imagen misma de lo que Dios es" (Hebreos 1.1-3).

Las enseñanzas de Jesús cumplen las enseñanzas previas de las Escrituras y a veces aun las trascienden. "Jesús lo interpretó [al Antiguo Testamento] para su momento presente", dice Ervin Stutzman, director ejecutivo de la Iglesia Menonita de EE. UU. "Jesús [decía] 'han oído que se dijo', y luego citaba un pasaje del

El abordaje ético cristocéntrico

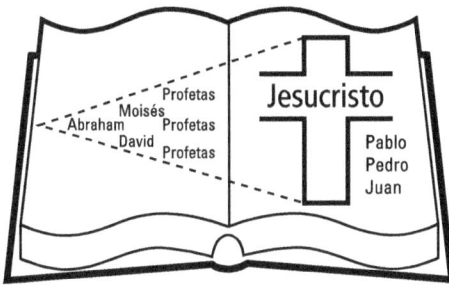

Antiguo Testamento seguido de 'pero yo les digo', mostrando el mejor modo que Dios tiene hoy. Reclamó la autoridad para interpretar aquellas Escrituras al decir de sí mismo: 'Alguien más grande que Moisés está aquí'".[7]

Dios continúa revelándose en nuestras experiencias cotidianas y a través de hermanos y hermanas guiados por el Espíritu que buscan seguir a Jesús en la vida diaria. "Dios se revela continuamente a la humanidad", dice John Powell, pastor y defensor de la misión. "Cada experiencia nos lleva a una comprensión de la autoridad y la preeminencia de Dios".[8]

Cuando queremos saber lo que dicen las Escrituras sobre un asunto en particular, recurrimos primero a las palabras, el ejemplo y el espíritu de Jesús. Podemos recurrir a otras Escrituras para tener más trasfondo y mayor comprensión, pero nuestra guía primordial proviene de Jesús. Cuando nos encontramos con pasajes difíciles, como aquellos del Antiguo Testamento que describen la violencia, los interpretamos en el espíritu y la naturaleza de Jesús haciendo la pregunta: "¿Qué diría Jesús?" o "¿Cómo hubiera manejado Jesús esta situación?". El profesor de Biblia Marion Bontrager aconseja: "Si dos pasajes parecen estar en desacuerdo, ¡deje que Jesús sea el árbitro!".[9]

En la interpretación de las Escrituras, los anabautistas han sostenido simultáneamente los aspectos espirituales y éticos de la vida y el ministerio de Cristo. Creemos que Dios y la voluntad de Dios se revelaron con mayor claridad a través de la integridad de Jesucristo. Por lo tanto, nuestra ética surge principalmente de Cristo, en vez de venir de los Diez Mandamientos y las epístolas.

¿La interpretación bíblica marca una diferencia?

Mi hermano —ya fallecido— y yo ilustramos cómo diferentes interpretaciones de las Escrituras hacen que las personas vean las cosas de manera distinta y pueden llevar a las personas al conflicto. Nos criamos en el mismo hogar, iglesia y comunidad. Éramos casi como mellizos. Después de la secundaria, mi hermano asistió a un colegio universitario bíblico, donde le enseñaron a abordar las Escrituras desde un punto de vista literalista, dispensacional y espiritualizado cristocéntrico. Yo asistí a una escuela donde me enseñaron a interpretar las Escrituras desde un punto de vista ético cristocéntrico.

Mi hermano y yo llegamos a sostener puntos de vista y valores muy diferentes en un amplio abanico de áreas. Cuando surgían preguntas sobre el divorcio, el control de las armas o del crimen, la inmigración o la guerra en Irak, mi hermano buscaba aplicar pasajes del Antiguo Testamento que se alineaban con sus convicciones. Yo buscaba basar mis comprensiones sobre estos asuntos en la vida, las enseñanzas y el espíritu de Jesús. Cuando surgió el asunto de la pena de muerte, por ejemplo, mi hermano la ratificó partiendo de pasajes del Antiguo Testamento como "si hay más lesiones, el castigo debe ser acorde a la gravedad del daño: vida por vida, ojo por ojo, diente por diente" (Éxodo 21.23-24 NTV). Mientras tanto, yo observaba el perdón de Jesús a las personas que lo dañaban y preguntaba: "¿Puede una persona ser tan malvada que Jesús diga que hay que matarla?".

Debido a que mi hermano había adoptado un abordaje dispensacional a la interpretación de las Escrituras, también diferíamos en nuestra comprensión de la voluntad de Dios en cuanto a Israel y Palestina. Mi hermano focalizaba su tiempo y energías en las profecías que él creía que hablaban de la restauración de Israel antes de la segunda venida de Cristo. Mientras tanto, yo me enfocaba más en la primera venida de Cristo y en lo que sus enseñanzas dicen respecto a mostrar compasión y justicia a los pueblos maltratados, como los palestinos.

Afortunadamente, mi hermano y yo podíamos amarnos a pesar de tener profundas dudas sobre cómo el otro aplicaba las Escrituras. Aprendimos que cuando no compartíamos un punto de vista, aún podíamos hablar con franqueza. Demasiados han fracasado en este sentido.

Gayle Gerber Koontz, profesora de teología y ética en el Seminario Bíblico Anabautista Menonita, señala que las interpretaciones centradas en Cristo nos llevan de la violenta destrucción de los enemigos del Antiguo Testamento al mandamiento del evangelio de tratar a los enemigos con amor. Este abordaje también lleva a las personas de "ver a las mujeres simplemente como propiedad a . . . una ética de sumisión mutua entre cónyuges cristianos".[10]

¿Qué hay de la autoridad de las Escrituras?

Si bien la inspiración y la confiabilidad de las Escrituras son importantes, el asunto de la autoridad es aún más importante. Aquel que tiene autoridad tiene el poder de mandar. Las Escrituras reciben autoridad cuando obedecemos sus mandatos, especialmente los mandatos de Jesús.

Jesús concluyó su ministerio con estas palabras: "Toda autoridad me ha sido dada en el cielo y en la tierra" (Mateo 28.18). Otorgamos autoridad a Jesús cuando lo reconocemos como nuestro Señor y respondemos a sus mandatos y deseos. Si bien otorgamos autoridad a todas las Escrituras, las interpretamos y obedecemos a través de las palabras, el espíritu y la naturaleza de Jesús.

La interpretación de las Escrituras desde un punto de vista ético cristocéntrico es otra manera de afirmar que Jesús es Señor. "Cristo es la cabeza de la iglesia y cuida siempre de su bienestar", dice Grace Holland, expresidente de la Junta de Misiones de los Hermanos en Cristo. "Él guiará nuestra comprensión de las Escrituras hacia la aplicación apropiada para nuestros tiempos".[11]

La profesora de Biblia Michele Hershberger lleva nuestra comprensión de la interpretación bíblica un paso más allá de la salvación y la ética cuando escribe: "La Biblia debe ser leída a través de una lente misional. La Biblia es la historia de Dios que busca relacionarse una y otra vez".[12] Esto se manifiesta más claramente en Cristo Jesús y mediante su persona.

¿Qué es esencial para el cristianismo anabautista?

Los anabautistas tienen a las Escrituras en gran estima y a Jesús aún más. Jesús, aún más que la Biblia, es nuestra autoridad final. El autor Shane Claiborne lo dice claramente cuando declara: "Creemos en la Palabra infalible de Dios. ¡Su nombre es Jesús!".[13]

Aunque los anabautistas afirman la inspiración y la confiabilidad de las Escrituras, no somos literalistas estrictos.[14] Si bien las palabras escritas deben tomarse seriamente, todas las Escrituras deben interpretarse a través de la naturaleza de Jesús, quien es nuestro Señor. Es importante interpretar las Escrituras desde un punto de vista que incluya tanto el espíritu y la ética de Jesús. Creemos que la Palabra escrita y el espíritu de Jesús deben mantenerse en tensión creativa. Esto contrasta con muchos creyentes que interpretan las Escrituras desde un punto de vista plano, dispensacional o espiritualizado.

¿Por qué diríamos que Jesús, aún más que la Biblia, es nuestra autoridad máxima? El capítulo siguiente nos ayudará a comprender mejor lo que significa decir "¡Jesús es Señor!".

Preguntas para reflexionar y conversar

1. ¿Qué abordaje (el de la Biblia plana, el dispensacional, el espiritualizado cristocéntrico, o el ético cristocéntrico) ha usado usted para interpretar la Biblia?

2. ¿Qué desacuerdos entre miembros de su familia o su iglesia puede identificar que provengan de las diferencias entre los abordajes de la interpretación?

3. Reflexione sobre los siguientes contrastes dentro de la fe cristiana con respecto a la interpretación de las Escrituras:

Muchos cristianos enfatizan:	Los cristianos anabautistas enfatizan:
• La Biblia, en vez de a Jesús, como nuestra máxima autoridad.	• A Jesús, en vez de la Biblia, como nuestra máxima autoridad.
• Todas las Escrituras son inspiradas y tienen la misma autoridad.	• Todas las Escrituras son inspiradas, pero no todas tienen la misma autoridad.
• El Antiguo Testamento revela la voluntad de Dios para la ética social, mientras que el Nuevo Testamento es una guía para la ética personal.	• Jesús, la revelación más plena de Dios y de su voluntad, es el parámetro tanto para la ética social como para la personal.
• Las aplicaciones no siempre coinciden necesariamente con las enseñanzas y el espíritu de Jesús.	• Las aplicaciones no deben contradecirse con las enseñanzas y el espíritu de Jesús.

4. ¿Qué significa que la Palabra escrita y el espíritu de Jesús deben mantenerse en tensión? ¿Puede dar un ejemplo?

5. ¿Cómo debemos conciliar las diferencias entre lo que dice Moisés en Deuteronomio 22.22 y lo que dice Jesús en Juan 8.1-11?

3

Jesús es Señor

*Por lo cual Dios también lo exaltó hasta lo sumo, y le dio un
nombre que es sobre todo nombre, para que en el nombre de
Jesús se doble toda rodilla de los que están en los cielos,
y en la tierra, y debajo de la tierra; y toda lengua confiese que
Jesucristo es el Señor, para gloria de Dios el Padre.*
Filipenses 2.9-11

LOS PRIMEROS CRISTIANOS CRECIERON EN SU COMPRENSIÓN
de Jesús. Al principio, lo veían como a un rabino o un maestro.
Notaban que era un maestro con una autoridad poco común.
Por ejemplo, cuando Jesús pronunció el Sermón del monte,
"la gente se admiraba de su enseñanza, porque les enseñaba
como quien tiene autoridad, y no como sus escribas" (Mateo
7.28-29). Cuando murió en la cruz, el centurión y los que estaban con él exclamaron: "¡En verdad, éste era Hijo de Dios!"
(Mateo 27.54).

En los viajes que hacían para enseñar, los discípulos observaban que Jesús tenía autoridad para perdonar pecados,

expulsar demonios, calmar una tormenta en el mar y confrontar a los que cambiaban dinero en el templo (Marcos 2.10; 3.15; 4.39; 11.15-16). Al finalizar su ministerio, Jesús dijo: "Toda autoridad me ha sido dada en el cielo y en la tierra", y con esa autoridad envió a sus seguidores a "[hacer] discípulos en todas las naciones" (Mateo 28.18-19).

Las personas se sentían atraídas a Jesús porque él tenía autoridad y también porque él se relacionaba con ellos como un servidor para su bien. Mientras que las personas seculares reconocían a César como su señor y se les pedía que le manifestaran a él su máxima lealtad, los apóstoles, arriesgando sus vidas, se animaron a decir "¡Jesús es Señor!".

¿Cómo se entiende el señorío?

En una enseñanza clave, Jesús dijo: "Como ustedes saben, los gobernantes de las naciones las dominan, y los poderosos les imponen su autoridad. Pero entre ustedes no debe ser así. Más bien, aquel de ustedes que quiera hacerse grande será su servidor; y aquel de ustedes que quiera ser el primero, será su esclavo. Imiten al Hijo del Hombre, que no vino para ser servido, sino para servir y para dar su vida en rescate por muchos" (Mateo 20.25-28).

Sin embargo, durante los siglos siguientes, los líderes de la iglesia no siguieron el consejo de Jesús. Comenzaron a 'señorearse' entre ellos y señorear a los demás, tal como habían hecho los líderes seculares. La jerarquía de la iglesia se volvió cada vez más dominante, al punto que la gente decía, de hecho: "El papa es el Señor".

Martín Lutero rechazó el liderazgo autoritario del sacro imperio romano y en su lugar desarrolló la teología de los dos reinos. Esta teología sugiere que los creyentes, en su vida personal, son llamados a ser leales a Jesús como su Señor; pero, en sus vidas públicas, deben ser leales a las autoridades seculares, que han sido ordenadas por Dios.

Los anabautistas tomaron otra postura. Ellos creían que en todo momento y lugar, los seguidores de Jesús deben otorgar su lealtad suprema a Dios tal como lo conocemos en Jesucristo. Ellos deben ser *siempre* responsables personalmente de sus acciones. Los ciudadanos de Cristo son en primer lugar ciudadanos del reino de Dios, a quien deben la lealtad máxima. También son ciudadanos de un Gobierno secular, al cual le deben respeto, pero no necesariamente obediencia total. Jesús instruyó a sus seguidores: "busquen primeramente el reino de Dios y su justicia" (Mateo 6.33). Cuando dejamos de dar nuestra máxima lealtad a Jesús y su reino, necesitamos pedir perdón.

Jesús se convierte en Señor cuando nos comprometemos a seguirlo en la vida diaria. Debido a su ejemplo y a la venida del Espíritu Santo, podemos pensar, sentir y actuar como él. El apóstol Pedro aconseja: "Porque también Cristo sufrió por nosotros, con lo que nos dio un ejemplo para que sigamos sus pasos" (1 Pedro 2.21). Seguir los pasos de Cristo es la meta de todo cristiano.

¿Es Jesús tanto Salvador como Señor?

Muchos creyentes que declaran ser seguidores de Jesús suelen entregarse de forma bastante incompleta. Algunos que dicen "Yo acepté a Jesús como mi Salvador" continúan llevando sus vidas de manera casi igual que antes, menos los pecados que confiesan. Aun después del bautismo o la confirmación, alguien o algo aún controla el modo en que viven su vida. Haber aceptado a Jesús como Salvador significa generalmente que le han pedido a Dios que los perdone por los malos hábitos, prácticas y pecados en los que se han involucrado. Dicen "Jesús es mi Salvador", con el añadido del señorío.

En vez de decir "Jesús es mi Salvador y Señor", quizás sería mejor dar el primer lugar al señorío, con la frase: "Jesús es mi *Señor* y Salvador". Desde una perspectiva anabautista, el señorío es el asunto clave y necesita ser la prioridad. El pecado primordial por el cual necesitamos perdón y redención es el pecado de seguir a otros señores. Estos otros señores y nuestra lealtad a ellos son los que nos llevaron a pecar. El primero de los Diez Mandamientos dice: "No tendrás dioses ajenos delante de mí" (Éxodo 20.3). La mayor ofensa de los israelitas fue que no otorgaron su mayor o su máxima lealtad a Dios. Adoraron ídolos y siguieron a los dioses de los pueblos que los rodeaban. Hoy en día tenemos las mismas tendencias.

¿Quién tiene la máxima autoridad sobre nuestras vidas?

Uno podría decir que en nuestro mundo hay tres fuerzas que reclaman la máxima autoridad: la lealtad a uno mismo, a los líderes seculares y a Dios, tal como lo conocemos mediante Jesucristo. Examinaremos cada una comenzando por la parte inferior de la ilustración.

Las fuerzas que reclaman la máxima autoridad

La obediencia a **Jesucristo** lleva a una **vida de devoción**

La obediencia a **líderes ordenados** lleva a la **ley y el orden**

La obediencia a **uno mismo o a Satanás** lleva al **caos**

Uno mismo como máxima autoridad. Los individuos y las instituciones son creados buenos y por buenos propósitos, pero tienden a volverse egoístas y por lo tanto convertirse en "caídos". En su estado de caídos buscan egoístamente dominar y controlar en vez de servir.

La historia de Génesis nos cuenta que Satanás tentó a Adán y Eva a creer que podían llegar a ser como Dios y saber discernir independientemente el bien del mal. Aquello no era cierto. Jesús describe a Satanás como el "padre de la mentira" (Juan 8.44). La mentira básica de Satanás es que la vida alcanza su mayor plenitud cuando cada persona y organización posee la libertad de hacer lo que le place. La verdad es que este modo de vida lleva a la desesperación, el caos y la muerte.

A veces, Satanás ha sido calificado como un matón que va de un lugar a otro destruyendo vidas, matrimonios e instituciones a voluntad. ¿Podría ser que Satanás cree honestamente que la vida alcanza su plenitud cuando cada uno de nosotros tiene la libertad de hacer lo que le place sin respetar ninguna autoridad superior? Es más bien esta filosofía egoísta lo que destruye vidas, matrimonios e instituciones.

Los seres humanos y las instituciones egocéntricas se unen para conformar sistemas dominantes. "Estos sistemas dominantes que se sirven a sí mismos", escribe el teólogo Walter Wink en *The Powers That Be* (Los poderes establecidos), "conducen a relaciones económicas injustas, a relaciones interraciales prejuiciosas, a relaciones patriarcales entre géneros, a relaciones de poder jerárquicas y al uso de la violencia para sostenerlas a todas".[1] El apóstol Pablo se refiere a este tipo de sistema cuando escribe: "Porque nuestra lucha no es contra seres humanos, sino contra poderes, contra autoridades, contra potestades que dominan este mundo de tinieblas, contra fuerzas espirituales malignas en las regiones celestiales" (Efesios 6.12 NVI). Es alentador saber que cuando los creyentes están llenos del espíritu de Jesús, viven en comunidad y se comprometen a acercar su modo de vida al de Cristo, pueden luchar exitosamente contra los principados y poderes y vivir una nueva vida.

Los líderes seculares como máxima autoridad. El primer y mayor deseo de Dios es que todas las personas sigan su liderazgo y vivan según sus leyes y principios morales. Debemos buscar primero su reino; sin embargo, eso no es lo que general o naturalmente sucede. Las personas y las organizaciones tienden a vivir según sus propias necesidades y deseos. Por esta razón, Dios dispuso líderes seculares para guiar y controlar a los que no se ponen bajo el control de Dios. Estas autoridades seculares son ordenadas para establecer la ley y el orden en un mundo caído.

Las personas necesitan obedecer las leyes y las autoridades más altas que conocen. Si no lo hacen, el resultado es el caos. A menudo, la máxima autoridad, para la mayoría de las personas, es un miembro de la familia, un empleador, un líder religioso o de la comunidad, un general militar, un primer ministro o un presidente. Los cristianos que poseen una comprensión anabautista se alientan entre sí a obedecer a estos líderes hasta donde el discipulado cristiano lo permite.[2] La obediencia a los líderes ordenados conduce a una sociedad de orden y ley.

Las Escrituras nos ordenan someternos a las autoridades gobernantes que Dios ha establecido. Estas ejercen influencia sobre nosotros y fueron establecidas para nuestro bien. (Ver Romanos 13.1-7.)

Pero si bien los líderes y las organizaciones son para nuestro bien, demasiado a menudo también revelan su condición de caídos. Al igual que los individuos, caen porque se tornan egoístas y hacen mal uso de su poder. Lo utilizan para sus propios intereses o para conducirnos en una dirección que no es beneficiosa. Cuando las personas siguen a líderes corruptos, dictatoriales o que buscan su propio bien, suelen surgir como resultado problemas graves y caos.

Jesucristo como máxima autoridad. Según la convicción de los cristianos que poseen una comprensión anabautista, es mayor el provecho que pueden ofrecer para traer al mundo la ley, el orden y la paz al obedecer a su autoridad máxima, Jesucristo, que al obedecer a las autoridades inferiores. Esto es por el poder del amor que sobrepasa las leyes humanas. Al seguir a Jesús en la vida diaria, las cualidades y los vínculos del reino de Dios pueden hacerse realidad "en la tierra como en el cielo" (Mateo 6.10).

Cuando permitamos que Dios nos guíe a través de Jesús, nos convertiremos en personas que son influenciadas y que influyen a otros a pensar, sentir y actuar según el amor, como lo hizo Jesús. El apóstol Pedro nos recuerda que "también Cristo sufrió por nosotros, con lo que nos dio un ejemplo para que sigamos sus pasos" (1 Pedro 2.21). Seguir los pasos de Cristo es la meta y el objetivo de todos los cristianos. Esto fue y es particularmente importante para los cristianos de orientación anabautista.

¿Quién debería recibir la lealtad suprema?

La mayoría de los cristianos aún conviven con la tensión inherente a la teología de Lutero. Bajo su teología de los dos reinos, el gobierno coercitivo y terrenal conserva la máxima autoridad sobre cómo debemos vivir y actuar. Como consecuencia, los cristianos obedecen las órdenes del Gobierno aun cuando estas entran en conflicto con la naturaleza y el espíritu de Jesús. Obedecen a Jesús en su vida personal, pero en el ámbito público obedecen a otras autoridades. Por ejemplo, bajo circunstancias normales, un cristiano nunca le quitaría la vida a otro ser humano. Sin embargo, si sirve en el ejército durante un tiempo de guerra y un comandante militar lo ordena, un cristiano sí le quitará la vida a otro ser humano. Según la teología de los dos reinos de Lutero, se supone que el *Gobierno*, y no la *persona*, será responsable por haberle quitado la vida a aquella persona.

Los anabautistas no están de acuerdo con esto. Debemos obedecer a los líderes ordenados en la medida en que el discipulado cristiano lo permita.[3] Habrá momentos en que los fieles seguidores de Cristo tendrán que desobedecer los mandatos que son contrarios a su Señor supremo. El apóstol Pablo alienta a los seguidores de Cristo a someterse a las autoridades seculares. Someterse no significa obedecer ciegamente. "Someternos a" (Romanos 13.1) las autoridades seculares significa anticipar y someterse al castigo que los líderes pueden infligir sobre nosotros por desobedecer una de sus órdenes. Cuando existe un conflicto entre los caminos supremos de Jesús y los caminos comunes de los líderes seculares, los cristianos deben decir junto a los primeros discípulos: "Es necesario obedecer a Dios antes que a los hombres" (Hechos 5.29).

Cuando fui pastor de una iglesia menonita en Minnesota, experimenté la tensión entre la obediencia a Jesús y la obediencia al Gobierno secular. Varios de nuestros miembros habían servido en el ejército. Habían sido leales al Gobierno y estaban dispuestos a morir por su país. También había muchos que, como objetores de conciencia en contra de la guerra, habían servido a su país de maneras alternativas. Si bien ambos grupos estaban dispuestos a morir por su país, el segundo grupo no estaba dispuesto a matar por su país.

Como era de esperar, hubo cierto conflicto entre ambos grupos. Un domingo 4 de julio, día de la independencia de Estados Unidos, los miembros de la iglesia se sorprendieron cuando les pedí que se pusieran de pie para declarar su lealtad a la bandera de Estados Unidos. Después les pedí que giraran 180 grados y declararan su *lealtad suprema* a Jesucristo y al reino que él representa. En una pantalla grande podía leerse: "Declaramos nuestra *lealtad suprema* a Jesucristo y al reino que él representa, un reino eterno que ofrece amor, justicia y esperanza para todos".

Los dos grupos de la congregación reconocieron juntos que, si bien debían lealtad común y respeto a su Gobierno nacional, debían su máxima lealtad a Jesucristo.

¿Qué es esencial para el cristianismo anabautista?

Mientras que muchos cristianos ponen un gran énfasis en Jesús como su Salvador, los creyentes anabautistas buscan poner igual o mayor énfasis en el señorío de Jesús. Decir "Jesús es Señor" es tan importante como decir "Jesús es mi Salvador". Jesús debe ser el parámetro para la ética tanto social como personal. "Jesús es Señor" es una declaración doctrinal corta pero esencial de la fe cristiana.

Aunque las Escrituras son nuestra máxima fuente de información sobre Dios y su voluntad, interpretamos las Escrituras a través del espíritu y la naturaleza de Jesús. Al hacerlo, Jesús se vuelve nuestra máxima autoridad. Como consecuencia, los cristianos pueden hacer más por llevar la ley, el orden y la paz a este mundo siguiendo a Jesús que siguiendo a niveles inferiores de autoridad.

Como seguidores de Jesús, vivimos con la tensión de ser ciudadanos tanto del reino de Dios liderado por Jesús como de un país secular liderado por funcionarios electos y designados. Lamentablemente, muchos cristianos —incluso muchos anabautistas actuales— obedecen más a sus líderes terrenales que a Jesucristo. Los seguidores de Jesús deben decir, día tras día y semana tras semana, que Jesús es Señor y seguir esa afirmación con acciones alegres y apropiadas.

Los individuos necesitan ayuda y apoyo para vivir bajo el señorío de Cristo. Tal ayuda y apoyo llegan mediante el compromiso con el otro en la comunidad. Los próximos tres capítulos exploran el segundo valor central: la comunidad es el centro de nuestra vida.

Preguntas para reflexionar y conversar

1. ¿Quiénes o qué autoridades buscan reinar sobre usted y sobre su vida?

2. Reflexione sobre los siguientes contrastes que se enfatizan dentro de la fe cristiana.

Muchos cristianos enfatizan:	Los cristianos anabautistas enfatizan:
• Aceptar a Jesús como Salvador	• Aceptar a Jesús como Señor y Salvador
• Obedecer a los líderes del Gobierno aunque sus demandas sean contrarias a las enseñanzas y el espíritu de Jesús	• Desobedecer las demandas seculares que sean contrarias a las enseñanzas y el espíritu de Jesús.
• Evitar por todos los medios la falta de lealtad al Gobierno	• Estar preparados para sufrir por la lealtad suprema a Jesús
• Considerar que es el Gobierno, y no el soldado, el responsable moral de las muertes y la destrucción producidas en la guerra	• Ser personal y moralmente responsables de las acciones de uno; la obediencia a Cristo es siempre la mejor manera de vivir

3. ¿Qué significa que obedecemos a la autoridad "en la medida en que el discipulado lo permite"? ¿Qué es lo que el discipulado *no* permite?

4. ¿Cuál es la diferencia entre decir "Jesús es mi Salvador y Señor" y decir "Jesús es mi Señor y Salvador"?

Segunda parte

La comunidad es el centro de nuestra vida

4

El perdón es esencial
para la comunidad

*Sean bondadosos y misericordiosos, y perdónense unos a otros,
así como también Dios los perdonó a ustedes en Cristo.*
Efesios 4.32

EL SEGUNDO VALOR CENTRAL DE LA FE CRISTIANA DESDE
una perspectiva anabautista es "La comunidad es el centro de
nuestra vida". Roberta Hestenes, profesora, pastora y presidente
de un colegio universitario, observa: "La verdadera comunidad
comienza con Dios. Nuestro Dios, quien vive en comunidad
como Padre, Hijo y Espíritu Santo, ¡quiere que nosotros también experimentemos las alegrías de los vínculos estrechos en
una comunidad!".[1]

En los próximos tres capítulos exploro el concepto de la
comunidad cristiana y qué es necesario para que exista. Este
capítulo se enfoca en el perdón vertical (de Dios) que se necesita para la salvación y, más específicamente, en el perdón
horizontal (de los demás) que se necesita para la comunidad. El

capítulo 5 explora el dar y recibir consejo, mientras que el capítulo 6 describe cómo la iglesia podría organizarse para que los miembros experimenten un máximo sentido de comunidad.

¿Qué es el perdón vertical?

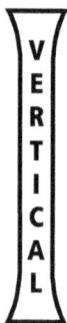

El perdón vertical es el perdón que proviene de Dios. Puede representarse con la viga vertical de la cruz. Desde el comienzo de los tiempos, los humanos han sentido la necesidad de recibir el perdón de Dios. Adán y Eva necesitaron el perdón por su desobediencia en el jardín de Edén. Su hijo mayor, Caín, necesitó el perdón cuando asesinó a su hermano, Abel. Los hijos de Israel necesitaron el perdón por su falta de lealtad y su idolatría. El rey David, después de cometer adulterio, exclamó: "Dios mío . . . ¡ten piedad de mí! . . . ¡borra mis rebeliones! . . . Lávame más y más de mi maldad; ¡límpiame de mi pecado!" (Salmos 51.1-2).

Cuando los humanos desobedecen a Dios necesitan el arrepentimiento y el perdón vertical. El perdón vertical es la manera que Dios tiene de ayudarnos a superar la enajenación, la culpa, el temor y la vergüenza causados por el pecado. Es un regalo que restaura la comunión con Dios, la autoestima y la confianza en el futuro.

El perdón vertical

V
E
R
T
I
C
A
L

Si revisamos la historia de la iglesia, encontramos que se han usado cuatro sistemas o visiones para asegurar a los creyentes de que han recibido el perdón de Dios. Estos se presentan en la siguiente ilustración.

La primera visión del perdón está basada en el sistema sacrificial del Antiguo Testamento. Los sacrificios eran una

La visión sacrificial del perdón

forma de manejar la culpa y la vergüenza por obrar mal y la consecuente enajenación de Dios. Las leyes que Dios dio a los israelitas por medio de Moisés exigían sacrificios como paga por los pecados. Las personas debían matar o enviar al desierto una oveja o un toro como modo simbólico de enfrentar los pensamientos o las acciones ofensivas (ver Levítico 1-17).

El sistema sacrificial cree que los sacrificios del Antiguo Testamento anuncian el sacrificio único y perfecto de Jesús por los pecados del mundo. Cree que Jesús es el cordero pascual que, por su gran valor, pudo pagar la pena por todos los pecados del mundo (ver 1 Corintios 5.7 y Hebreos 9.13-10.10).

Si bien muchos cristianos anabautistas han aceptado este entendimiento de cómo un Dios santo paga por los pecados, también surgen preguntas sobre por qué un Dios de amor exigiría la muerte terrible de un hijo único para lograr la reconciliación. Estamos abiertos a comprensiones múltiples acerca del perdón y la expiación.

La visión sacramental del perdón

El sistema sacramental del perdón fue desarrollado por Agustín y la iglesia medieval. Las personas llegaron a creer que podían alcanzar el perdón de Dios a través de ritos o rituales religiosos conocidos como *sacramentos*. Con el tiempo, se adoptaron siete sacramentos: el bautismo, la confirmación, la eucaristía, la reconciliación o penitencia, la ordenación, el matrimonio y la unción de los enfermos. Se creía que la iglesia recibía estos sacramentos como signos de la gracia de Dios. La confesión real o el remordimiento por el pecado eran a menudo bastante superficiales. Muchos llegaron a creer que estas prácticas en sí mismas traían el alivio y la salvación a sus vidas.

Por creer en el pecado original, la iglesia medieval comenzó a bautizar a los infantes como forma de quitar ese pecado heredado. Por la persistencia del pecado, la eucaristía, que representaba el sacrificio de Cristo, se celebraba repetidamente al igual que los sacrificios del Antiguo Testamento, que se repetían una y otra vez. La unción de los enfermos se ofrecía a aquellos que estaban cercanos a su muerte, y se pronunciaban oraciones a María y los santos para que quienes estaban en el purgatorio pudieran ser perdonados del pecado que les había quedado y recibieran el permiso para entrar más rápidamente al cielo.

Hoy en día, muchos cristianos conservan la creencia de que los sacramentos son un medio de recibir el perdón de sus pecados o un símbolo del ofrecimiento de Dios de perdonarlos. Si bien los anabautistas respetan a los que sostienen una visión sacramental del perdón, ellos no tienen esta comprensión.

La visión del perdón como justificación por la fe

La justificación por la fe se basa principalmente en las palabras de Pablo a los efesios: "Ciertamente la gracia de Dios los ha salvado por medio de la fe. Ésta no nació de ustedes, sino que es un don de Dios; ni es resultado de las obras, para que nadie se vanaglorie" (Efesios 2.8-9). Martín Lutero, siendo monje, había buscado el perdón personal con extensas oraciones, obras de penitencia y la práctica de los sacramentos, pero todo había sido en vano. Llegó a la conclusión de que el perdón y la salvación no llegaban a través de tales obras. Lo único que una persona necesitaba para ser justificado por Dios era tener fe en la gracia de Dios. La salvación del pecado era obra de Dios. Llegaba con la fe sola, no por algo que una persona pudiera hacer.

El apóstol Pablo alentó esta visión cuando citó a Habacuc 2.4: "pero el justo vivirá por su fe" (Romanos 1.17). La doctrina de la "justificación por la fe" separó a los protestantes de los católicos durante la Reforma.

El sistema de justificación por la fe enseña que, cuando las personas tienen fe en lo que Jesús hizo en la cruz, sus pecados son perdonados y son declarados justos delante de Dios. Cuando alguien coloca su fe en la muerte sacrificial de Cristo, Dios declara en su gracia que esa persona es "justa" y puede irse en libertad, aunque la seriedad del arrepentimiento y el cambio de parecer sean mínimos.

La justificación es un término legal por el cual una persona que es técnicamente culpable de cometer un crimen es considerada inocente por la corte debido a circunstancias atenuantes. Por ejemplo, una corte podría justificar a una persona por superar el límite de velocidad si aquella persona conducía demasiado rápidamente para llevar a una madre embarazada al hospital para el parto. Aquellos que adhieren a esta visión del perdón creen que la muerte sacrificial de Jesucristo es la circunstancia atenuante o inusual que justifica al pecador ante Dios. La muerte de Cristo en la cruz es considerada como el pago por la pena del pecado de esa persona. Por lo tanto, el individuo es *justificado* y recibe el permiso para entrar en la presencia de Dios.

Algunos describen esta visión del perdón y la salvación

diciendo que, si una persona que se arrepiente tiene fe en lo que Dios hizo en Cristo, la sangre de Cristo cubrirá o limpiará el historial de pecados de esa persona y lo reemplazará con la bondad y la rectitud de Cristo. Es como si Dios viera a esta persona sin pecado. (ver 1 Juan 1.9.)

Según esta visión, la naturaleza de la persona no cambia. Por naturaleza, la persona sigue siendo un pecador. Se espera que una persona peque continuamente y necesite repetidamente rogar por el perdón. La vida recta o la obediencia a Jesús en la vida diaria no tiene nada que ver con la evaluación que Dios hace de esa persona.

Nuestra familia vio un ejemplo de esto en un amigo que había sido bautizado de infante y confirmó su fe de joven. Se convirtió en líder de su grupo de jóvenes y en los cultos de adoración repetía regularmente las palabras de confesión y las palabras que lo aseguraban del perdón. Pero parecía que su fe no marcaba ninguna diferencia en cómo vivía durante la semana. Su testimonio era: "No soy diferente; solo estoy perdonado".

Los anabautistas advierten que confiar en la justificación por la fe sola puede llevar a que la vida y las acciones de la persona no manifiesten grandes cambios. Esa confianza pone mayor énfasis en cambiar las actitudes y las acciones de Dios hacia nosotros que en modificar nuestras actitudes y acciones hacia Dios y hacia los demás. A esto, Dietrich Bonhoeffer lo denominó "gracia barata". Él escribió: "La gracia barata es la predicación del perdón sin exigir el arrepentimiento, el bautismo sin obediencia, la comunión sin confesión, la absolución sin discipulado y la gracia sin la cruz".[2]

La visión transformativa del perdón

Los primeros anabautistas no ponían su fe en sacrificios ni sacramentos, ni hablaban de la justificación por la fe. Al reflexionar sobre la vida, las enseñanzas, la muerte y la resurrección de Jesús, llegaron a la comprensión de que el perdón y la salvación llegaban mediante el arrepentimiento honesto y una nueva apertura a Cristo. Creían y experimentaban que la naturaleza de una persona puede transformarse de ser un pecador que peca continuamente a ser un santo empoderado por el Espíritu Santo para vivir una vida nueva y transformada. La persona admite que a veces aún peca, pero pecar es contrario a su nueva naturaleza.

Los primeros anabautistas se interesaban mucho en lo que Jesús le dijo a Nicodemo: "El que no nace de nuevo, no puede ver el reino de Dios" (Juan 3.3). Veían la confesión, el perdón y la obediencia gozosa como medios para ser transformados por Dios de una naturaleza a otra. Como la metamorfosis en la naturaleza, una vida transformada indica que la naturaleza de la persona ha cambiado.

"Nacer de nuevo" implicaba un nuevo comienzo. Los primeros anabautistas creían que la vida vuelve a comenzar cuando una persona rechaza viejas lealtades, abre su vida al Espíritu Santo y comienza una vida en obediencia a Jesucristo. El apóstol Pablo dice que cuando una persona comienza una relación con Cristo, "todo lo viejo" (pensamientos, actitudes, acciones y relaciones) "pasó" y todo (pensamientos, actitudes, acciones y relaciones) "se hizo de nuevo" (2 Corintios 5.17). Esto se aplica tanto a los individuos como a la iglesia.

Todas las visiones de la salvación incluyen la confesión y el perdón. Los cristianos anabautistas enfatizan la transformación que sucede mediante la confesión, el perdón y las nuevas relaciones. Creen que una relación vertical saludable con Dios conduce a una vida transformada que produce mucho fruto. Una vida como esta se logra en mejor medida con el arrepentimiento sincero por el pecado y un seguimiento de Jesús obediente y lleno del Espíritu en la vida diaria.

¿Qué es el perdón horizontal?

El perdón horizontal podría representarse como la viga horizontal de la cruz.

El perdón horizontal

Aunque el perdón vertical entre una persona y Dios es esencial para la salvación, en realidad Jesús tuvo más que decir acerca del perdón horizontal —es decir, el perdón que ocurre entre humanos. Por ejemplo, Jesús dijo a sus seguidores: "Por tanto, si traes tu ofrenda al altar, y allí te acuerdas de que tu hermano tiene algo contra ti, deja allí tu ofrenda delante del altar, y ve y reconcíliate primero con tu hermano, y después de eso vuelve y presenta tu ofrenda" (Mateo 5.23-24). También dijo: "Si ustedes perdonan a los otros sus ofensas, también su Padre celestial los perdonará a ustedes. Pero si ustedes no perdonan a los otros sus ofensas, tampoco el Padre de ustedes les perdonará sus ofensas" (Mateo 6.14-15).

Mientras que la mayoría de los cristianos han enfatizado confesar sus pecados a Dios y recibir el perdón vertical divino, los primeros creyentes anabautistas también ponían un gran énfasis en la importancia de confesarse unos a otros las ofensas y recibir el perdón horizontal humano.

Los primeros creyentes anabautistas citaban a menudo Romanos 12.2: "Y no adopten las costumbres de este mundo, sino transfórmense por medio de la renovación de su mente". Esperaban que todos los miembros —en especial sus líderes— vivieran vidas santas. Concebían una iglesia compuesta por personas que mantenían una vida limpia. Cuando detectaban el pecado y la desobediencia, debían confesarlos y tratarlos.

Habrían acordado con Martin Luther King Jr., quien dijo: "El perdón no es un acto ocasional. Es una actitud constante".[3]

¿Cómo se logra el perdón horizontal?

Tanto el perdón vertical entre Dios y un individuo como el perdón horizontal requieren de la confesión o el arrepentimiento. Logramos relaciones saludables con Dios y con el prójimo mediante la confesión y el perdón.

Para que ocurra el verdadero perdón, una persona deberá admitir que lo que le dijo, sintió o le hizo a la otra persona estuvo mal. La persona que confiesa tiene que acercarse al individuo al que ofendió y pedirle perdón. Esta interacción representa a menudo una bisagra en una relación quebrantada. Trae paz y permite cerrar un conflicto, a la vez que ayuda a las personas involucradas a pensar con mayor claridad y actuar más cálidamente. Este tipo de confesión y nueva vida son esenciales para la existencia de una comunidad saludable. Permite a los participantes soltar emociones y deseos negativos. El perdón es necesario para una verdadera comunidad.

El evangelio que Jesús proclamó —y al cual alentó a sus seguidores a darle prioridad— fue el evangelio y la buena nueva del reino (ver Marcos 1.14; Lucas 9.2). El reino es donde existen relaciones de perdón con Dios y con el prójimo. Las relaciones humanas no son posibles sin una comunicación estrecha. Un deseo profundo de Jesús era que sus seguidores fueran "uno, así como nosotros somos uno" (Juan 17.22).

La necesidad del perdón y la confesión horizontales se me hizo evidente cuando comencé mi primer pastorado. Pronto descubrí que Vernon, el presidente de la congregación, y John (no son sus verdaderos nombres) no se hablaban. En una reunión de la congregación, Vernon había ofendido a Juan al decir que una sugerencia que Juan había hecho era "estúpida".

Aunque ambos tenían una relación vertical con Dios, no había una relación horizontal entre ellos. La tensión y el hecho de que se evitaban el uno al otro comenzaron a afectar a toda la congregación.

El consejo de Jesús para una situación como esta es: "[Si otro miembro de la iglesia] peca contra ti, ve y repréndelo cuando él y tú estén solos" (Mateo 18.15). Sin embargo, Vernon y John eran demasiado tímidos o testarudos para hacerlo.

John, el anciano, me compartió cuán dolido y avergonzado se había sentido cuando Vernon hizo aquel comentario tajante sobre su sugerencia. Cuando hablé con Vernon, él negó que el daño hubiera sido intencional. Reunir a ambos, cara a cara, como enseñó Jesús, logró desbloquear el asunto. En esa reunión, alenté a John a compartir su dolor con sinceridad y a Vernon a escucharlo atentamente. A medida que John hablaba, Vernon comenzó a darse cuenta de la realidad del dolor que había causado. En un espíritu de arrepentimiento, miró a John a los ojos y le dijo: "John, me doy cuenta del dolor que te causé, no solo con lo que dije, sino por cómo lo dije. ¿Me perdonas?". Después de una pausa dolorosa, John extendió su mano y dijo: "Te perdono". El domingo siguiente, se los vio a ambos conversando en el vestíbulo. Aquel acto de perdón horizontal restauró el sentido de comunidad, no solo entre Vernon y John, sino en toda la congregación.

"Por las Escrituras y por nuestra propia experiencia, sabemos que las relaciones son importantes", observa April Yamasaki, pastora líder de la Iglesia Menonita Emmanuel de Abbotsford, Columbia Británica. "Dondequiera que mire, hay tantas relaciones quebrantadas . . . Las relaciones pueden ser un trabajo arduo . . . es por ello que la iglesia es tan importante —no como institución religiosa o un lugar adonde ir cada domingo; no porque sea perfecta, porque no lo es; no porque nunca te vayas a lastimar, porque probablemente sí saldrás herido. Las iglesias verdaderas tienen problemas verdaderos y puntos ciegos, y donde quiera que haya personas, también habrá dolor. Pero una iglesia verdadera significa también una relación verdadera, con Dios y con los demás".[4]

¿Qué sucede en el perdón horizontal?

Existen varios tipos de perdón. El *perdón transaccional* es cuando alguien que ofende confiesa una falta y recibe el perdón del ofendido. Se llama perdón transaccional porque se da una *transacción* entre el que ofendió y el ofendido. Perdonar al que ofende libera a este de lo que debe pagar, así como de la culpa y la vergüenza relacionadas con el pago.

Ken Sande, en su libro *Pacificadores*, escribe: "El perdón puede ser descrito como una decisión de hacer cuatro promesas [ya sea de manera silenciosa o de otra forma]:

- "No me detendré en este incidente".
- "No volveré a mencionar este incidente para usarlo contra ti".
- "No hablaré a otros acerca de este incidente".
- "No dejaré que este incidente se interponga entre nosotros o entorpezca nuestra relación personal".[5]

El perdón posicional es cuando alguien que ha ofendido se niega a confesar lo que ha dicho, sentido o hecho. Cuando no hay confesión, una transacción no es posible. De todos modos, en el perdón posicional, el ofendido aún sostiene una actitud o una posición de perdón hacia el que lo ofendió.

Jesús practicó este tipo de perdón cuando oró en la cruz: "Padre, perdónalos, porque no saben lo que hacen" (Lucas 23.34). Él estaba dispuesto a perdonar a los que estaban pecando contra él, aunque ellos aún no habían confesado sus males.[6] David Augsburger, profesor de consejería, lo llama *perdón de lamento*, porque el ofendido lamenta que, a pesar de su disposición de perdonar, la transacción no se ha completado y la relación no ha sido restaurada.[7]

El perdón posicional es para el beneficio de la persona ofendida. Ayuda a una persona ofendida a superar su enojo y dolor internos, que pueden conducir a problemas emocionales posteriores. Un ejemplo de esto se hizo obvio el 2 de octubre de 2006, cuando Charles Carl Roberts entró a una escuela amish de una sola sala en la comunidad de Nickel Mines, Pensilvania, y les disparó a diez niñas, matando a cinco de ellas, antes de suicidarse en la misma sala. La comunidad amish tuvo una actitud de perdón hacia el asesino y su familia. Esta respuesta inusual fue ampliamente debatida en los medios nacionales. Muchos observaron que los amish no esperan que la vida sea justa. Sostienen una actitud de perdón hacia el mundo. Cuando las cosas salen mal, ya están en un modo de perdón, de manera que el problema no tiene oportunidad de transformarse en una historia de resentimiento.[8]

Los dueños de una pequeña tienda amish ofrecen un ejemplo de perdón posicional. Pusieron un cartel en un mostrador con objetos frágiles: "Si lo rompes, avísanos para que podamos perdonarte".[9]

¿Cuál es el significado de la cruz?

La cruz es un símbolo universal del perdón. Para los primeros cristianos, la cruz simbolizaba el sacrificio de Cristo como pago por todos los pecados del mundo, pero también simbolizaba más que eso. Simbolizaba el modo de vida de Cristo y el costo de vivir de esa manera. Jesús instruyó a sus seguidores: "Si alguno quiere seguirme, niéguese a sí mismo, tome su cruz, y sígame. Porque todo el que quiera salvar su vida, la perderá;

y todo el que pierda su vida por causa de mí, la hallará" (Mateo 16.2425).

La cruz como símbolo

Cuando la mayoría de los cristianos toman la santa cena, se enfocan en su perdón vertical proveniente de Dios y en cómo la muerte de Cristo pagó por sus pecados. La santa cena se convierte en una experiencia bastante sombría. Aunque los cristianos anabautistas practican la santa cena como un recordatorio de la muerte de Cristo, muchos también la consideran una comida comunitaria en la cual celebran haber sido perdonados, no solo por Dios sino también por aquellos que participan junto a ellos de la santa cena. En vez de solo recordar la seriedad de la muerte de Cristo, hay una celebración alegre por la comunión perdonada que existe.

¿Qué es esencial para el cristianismo anabautista?

Los creyentes que tienen una perspectiva anabautista reconocen que el perdón vertical de Dios es esencial para la salvación y que el perdón horizontal del prójimo es esencial para la comunidad. Aunque a lo largo de la historia los cristianos han enfatizado el perdón vertical de Dios, es necesario un equilibrio vital entre el perdón vertical y el horizontal para que los seguidores de Cristo puedan tener relaciones saludables y abiertas, tanto con Dios como entre sí. ¡Las relaciones saludables son aquello en lo que consisten el reino de Dios y la fe cristiana!

¿Qué más se necesita para una comunidad saludable? En el capítulo siguiente exploraremos cómo discernimos la voluntad de Dios a través de dar y recibir consejo en el cuerpo de Cristo.

Preguntas para reflexionar y conversar

1. ¿Cuál de las cuatro visiones del perdón vertical —sacrificial, sacramental, justificación por la fe o transformativa— ha sido la principal en su experiencia?

2. ¿Cuán importante es para usted tener relaciones horizontales fuertes en su familia y su congregación? ¿Cómo podría fortalecerlas aún más?

3. Reflexione sobre los siguientes contrastes que se experimentan dentro de la fe cristiana.

Muchos cristianos enfatizan:	Los cristianos anabautistas enfatizan:
• El perdón vertical	• El perdón horizontal
• Los sacrificios, los sacramentos o ambos	• La transformación por medio de la fe, la confesión y la obediencia gozosa
• La justificación por la fe sola	• El arrepentimiento sincero
• La confesión de los pecados en el culto	• La confesión antes de la santa cena

4. ¿Qué relación quebrantada ha experimentado usted? ¿Por qué es tan difícil confesar el error y pedir perdón?

5. ¿Alguna vez usted o su familia necesitaron de un tercero para mediar y ayudarlos a lograr la confesión y el perdón sinceros?

5

La voluntad de Dios se discierne en comunidad

Transfórmense por medio de la renovación de su mente,
para que comprueben cuál es la voluntad de Dios.
Romanos 12.2

UN DESAFÍO UNIVERSAL DE LOS CREYENTES ES CÓMO CONO-
cer la voluntad de Dios. Siempre es mejor hacer la voluntad
de Dios, pero ¿cómo la discernimos? En este capítulo, exploramos cómo los primeros cristianos interactuaban en la comunidad para discernir la voluntad de Dios. Luego examinamos
cómo algunos cristianos anabautistas de hoy buscan determinar la voluntad de Dios a través de dar y recibir consejo, especialmente en el contexto de la predicación, la enseñanza y el
diálogo.

¿Cómo discernían los primeros cristianos la voluntad de Dios?

Jesús fue claro al transmitir que su reino no tendría un estilo dictatorial. Los Evangelios están llenos de imágenes de cómo Jesús y sus seguidores se hacían preguntas tales como: "¿Cuál crees que fue el prójimo?" (Lucas 10.36); "¿Qué debo hacer para heredar la vida eterna?" (Lucas 10.25); y "¿Quién dice la gente que soy yo?" (Marcos 8.27). Cada una de estas preguntas ofrecía una excelente oportunidad para que Jesús y la comunidad de discípulos diera y recibiera consejo.

Debido a la naturaleza misma de la iglesia, el pueblo de Dios recibe el llamado a ser personas que disciernen. Hechos 15 relata la historia de cómo la iglesia primitiva se reunió para un concilio en Jerusalén. A través de informes de campo y la práctica de dar y recibir consejo, se llegó a una decisión en cuanto a cómo se trataría a los nuevos cristianos de trasfondo gentil.

Pero desde Constantino en adelante, el liderazgo de la iglesia adoptó un estilo dictatorial. Los sacerdotes, obispos, cardenales y papas establecieron muchas normas para regular la vida en la iglesia. Los que ofendían a otros eran sancionados con medidas disciplinarias severas. Este sistema dictatorial se mantuvo vigente hasta la reforma protestante del siglo XVI, cuando Martín Lutero se separó de este estilo verticalista. Él creía que las personas podían conocer la voluntad de Dios mediante el estudio bíblico privado y la predicación.

Los primeros anabautistas desarrollaron patrones a través de los cuales discernían la voluntad de Dios juntos en comunidad. Aun en la actualidad, cuando los nuevos creyentes desean unirse a una congregación anabautista, se les pregunta habitualmente: "¿Está usted dispuesto a dar y recibir consejo?" Esta pregunta es clave, porque indica cómo aquella persona funcionará no solo en la iglesia sino también en otras áreas de la vida.

Al prometer dar y recibir consejo, los miembros admiten que se necesitan unos a otros para discernir y cumplir la voluntad de Dios.

En los primeros años del anabautismo, hubo mucho discernimiento cuando los miembros se reunían en grupos caseros. Por ejemplo, Menno Simons pasó numerosos años visitando las iglesias caseras para conversar acerca de los principios básicos del pensamiento anabautista.

A pesar de los mandamientos de Cristo de no ser como los gobernantes gentiles que "señoreaban" a sus súbditos, muchos cristianos de hoy escogen iglesias en las que un pastor autoritario les dice qué pensar y decir. Este abordaje no respeta adecuadamente los dones, habilidades y reflexiones de los miembros. Excluye a los miembros comunes del estudio y el discernimiento, lo cual puede conducir a la falta de interés en las Escrituras y a la incapacidad de los miembros de ayudarse en el discernimiento de asuntos vitales. Además, está el peligro de que los líderes autoritarios, que no son responsables ante un grupo de discernimiento, puedan desviar a sus miembros.

¿Qué es una comunidad hermenéutica?

Al comienzo, Martín Lutero creía que cualquier cristiano podía discernir la voluntad de Dios simplemente con leer las Escrituras y permitir que el Espíritu Santo lo guiara. Se dice que una vez dijo: "Cualquier muchacho pastor detrás de los arbustos con el Espíritu Santo puede interpretar las Escrituras mejor que el papa".

Este abordaje de no intervención permitía a cada persona escrudiñar las Escrituras y llegar a una conclusión personal acerca de su significado y aplicación. Pronto, Lutero descubrió que, con demasiada frecuencia, los individuos (incluso los pastores) que estudiaban e interpretaban las Escrituras por sí mismos elaboraban comprensiones falsas y confusas.

Los primeros líderes anabautistas tenían mucho respeto por las Escrituras y las estudiaban cuidadosamente, tanto de manera individual como colectiva. En vez de confiar en expertos, sentían que la mejor manera de comprender el significado y aplicación de un pasaje para una situación y un contexto particulares era el estudio grupal de creyentes guiados por el Espíritu. Un grupo de estas características ha sido denominado a veces comunidad *hermenéutica*, o interpretativa.

A través del discernimiento comunitario, las personas de fe arriban a comprensiones corporativas de la voluntad de Dios para una situación particular. Si bien los eruditos pueden interpretar las Escrituras en términos generales, los anabautistas creen que las personas guiadas por el Espíritu que conocen las situaciones de vida y el trabajo de unos y otros pueden comprender e interpretar mejor un pasaje de las Escrituras en una situación determinada.

Los primeros anabautistas alentaban valientemente la libertad de pensamiento y práctica religiosa. Por medio de visitas interactivas, cartas, folletos y concilios, daban y recibían el consejo que los ayudaba a vivir en fidelidad en tiempos de persecución. Su énfasis en la comunidad ayudó a los individuos a evitar tanto aislarse en su pensamiento como ser dictatoriales en su toma de decisiones. Fue notable el consenso grupal logrado a través de presentaciones y diálogo en el concilio de Schleitheim en 1527.[1] Por tomar con seriedad las Escrituras, a Jesús, al Espíritu Santo y los unos a los otros, los líderes pudieron arribar a un consenso en relación con siete temas: el bautismo, la disciplina, la santa cena, la separación del mundo, los pastores, la no resistencia y los juramentos.

¿Cómo se discierne la voluntad de Dios a través de la predicación?

La historia y la experiencia nos dicen que, para discernir adecuadamente la voluntad de Dios, una iglesia saludable necesita del equilibrio entre tres formas de comunicación. Si carece de alguna de ellas o si el dar y recibir consejo no está presente en ellas, hay una carencia en el proceso de discernimiento. Estas tres formas de comunicación son: la *predicación*, la *enseñanza* y el *diálogo*.

El principal propósito de la predicación ha sido inspirar a los oyentes y llamarlos al compromiso. Por lo general, se realiza en forma de monólogo, desde un individuo hacia muchos, como ilustra el gráfico.

El discernimiento a través de la predicación

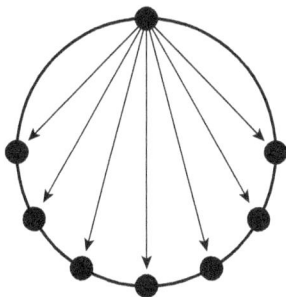

Jesús comenzó su ministerio con la predicación. Durante su tiempo en la tierra, realizó muchos viajes para predicar en las regiones de Galilea y Judea, inspirando a las multitudes y llamando a las personas a comprometerse con el reino de Dios. Una y otra vez, al predicar y contar historias, Jesús proclamó las cualidades del reino de Dios. En el contexto de las relaciones del reino, se podía discernir la voluntad de Dios.

Los apóstoles continuaron la práctica de la predicación. Mediante un mensaje cristocéntrico en Pentecostés, Pedro inspiró a muchos y los llamó al compromiso. ¡Tres mil personas respondieron a su discurso ese día! Más adelante, el Espíritu Santo "apartó" a Pablo y Bernabé para que llevaran el mensaje de Cristo al mundo de los gentiles. (ver Hechos 2.41 y 13.2.) Pablo continuó con la predicación en todo el mundo conocido, inspirando tanto a judíos como a gentiles con el mensaje de Jesús e invitándolos a seguir a un nuevo maestro.

La predicación también caracterizó a los primeros anabautistas. La realizaban ciertos miembros escogidos de la congregación. A menudo, había un equipo o "banco" de predicadores que estaban listos para predicar en cualquier momento que la oportunidad se presentase. Aunque en ese tiempo la predicación era dominio de los hombres, las mujeres también eran muy activas compartiendo su fe. Un tercio de los mártires conocidos fueron mujeres.

Los primeros anabautistas predicaban con pasión. Por ejemplo, Hans Hut, un predicador inspirador, atraía a grandes multitudes e invitaba a los oyentes al compromiso. Se informa que él bautizó a más de cinco mil nuevos creyentes durante su ministerio. Otros superaron este número.

Aunque en ocasiones se la critica, la predicación es una forma necesaria de comunicación que ayuda a las personas a discernir la voluntad de Dios. Desafortunadamente, cuando el ministerio de la enseñanza de una iglesia está debilitado, los pastores tienden a enseñar en lugar de predicar. Como resultado, los sermones del pastor pueden carecer de inspiración y dejan de llamar a los oyentes al compromiso. ¡No hay sustituto para la predicación bíblica sólida que inspira y llama al compromiso!

¿Cómo saben los pastores qué predicar?

Los sermones de los primeros pastores anabautistas surgían de su estudio personal y de su interacción normal con miembros de la iglesia y comunidad. Naturalmente esto habrá incluido el dar y recibir consejo e ideas.

¿Cómo puede suceder esto hoy en día? Como pastor de la Iglesia Menonita Calvary de Aurora, Oregón, experimenté un proceso de discernimiento muy provechoso que incluía dar y recibir consejo. Los lunes y martes por la mañana yo hacía un estudio exegético privado del pasaje de las Escrituras que debía predicarse el domingo siguiente. Los miércoles por la mañana me reunía con tres o cuatro miembros de la congregación en la biblioteca de la iglesia para leer el pasaje y conversar —café mediante— acerca del significado del texto para nuestra comunidad. En ese ir y venir, recibía muchas reflexiones útiles sobre cómo el mensaje de las Escrituras podía aplicarse a las situaciones y necesidades prácticas de nuestra iglesia y comunidad.

La Comunidad Intermenonita de Point Grey, en Vancouver, Columbia Británica, ha adoptado un patrón que era común entre los primeros anabautistas. Al finalizar la predicación, el líder de alabanza les da a los miembros la oportunidad de comentar, hacer preguntas o compartir otras reflexiones relacionadas con el punto central del sermón. Este dar y recibir consejo ha llevado a los que predican a ser más específicos, y a la congregación, a escuchar más atentamente.

Muchas congregaciones prósperas utilizan el método en el cual el predicador prepara un bosquejo de conversación basado en el sermón que se utiliza en los grupos de estudio pequeños durante la semana. Esto alienta a los predicadores a ir más allá de la interpretación del texto y orientarse más a la aplicación. Los miembros de la Iglesia Meserete Kristos de Etiopía creen que este método es la clave de su crecimiento acelerado y de su reputación como una iglesia que "enseña la Biblia".

Algunos pastores dirigen una clase, una conversación grupal o un foro público después del culto de adoración. Otros invitan al frente a los participantes del culto para orar o ser ministrados. Todos estos métodos brindan oportunidades para dar y recibir consejo vinculado a la inspiración recibida o los compromisos que asumen los oyentes.

¿Cómo se discierne la voluntad de Dios a través de la enseñanza?

Mientras que el propósito principal de la predicación es inspirar y llamar al compromiso, el propósito principal de la enseñanza es aprender contenidos. Como sugiere el gráfico, la enseñanza sucede a menudo en un formato de pregunta y respuesta entre el maestro y los alumnos.

El discernimiento a través de la enseñanza

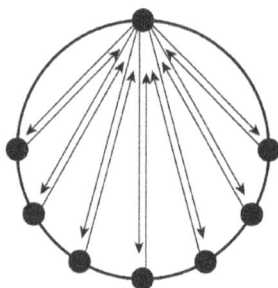

Los Evangelios nos llevan a creer que Jesús ocupó tres años para enseñar y capacitar a sus discípulos para su misión. Él quería que sus seguidores lo comprendieran a él y a la naturaleza del reino de Dios de manera completa e íntegra. Al final de su ministerio, Jesús instruyó a sus seguidores: "Vayan . . . hagan discípulos en todas las naciones . . . Enséñenles a cumplir todas las cosas que les he mandado" (Mateo 28.19-20).

La iglesia primitiva continuó el proceso de enseñanza y capacitación que Jesús había comenzado. Era necesario estar bien informado para discernir la voluntad de Dios. Con frecuencia, a los nuevos creyentes les llevaba hasta tres años lograr la afirmación para la membresía.[2] Algunos creen que parte del proceso consistía en memorizar el Sermón del monte.

Los primeros anabautistas también se comprometían con un sólido estudio y enseñanza de la Biblia. De hecho, ¡el movimiento comenzó en un grupo de estudio bíblico! Los líderes aprendieron muy bien las Escrituras y ordenaron los versículos según la temática. Algunos prepararon concordancias temáticas, que compartían entre ellos. A través de estas concordancias, daban y recibían consejo acerca del contenido, las relaciones y el significado de las Escrituras.

¿Cómo se enseña hoy?

La libertad de enseñar a sus niños y jóvenes siempre ha sido importante para los cristianos anabautistas. Tan así ha sido que, al ser perseguidos, los anabautistas se han trasladado a lugares donde tuvieran el permiso de dirigir sus propias escuelas a su manera. Algunos grupos de familias se trasladaron a Alsacia, Francia, al valle del Vístula en Polonia, a Rusia y, en muchas oportunidades, a países de América del Norte y del Sur.

Por muchos años, las clases dominicales para jóvenes y adultos en las iglesias menonitas fueron los contextos principales para el aprendizaje de contenidos. La congregación de 130 miembros en la que me crié ofrecía una clase para cada grupo de edades de la iglesia: ¡en total eran dieciséis grupos! Estos se convirtieron en los contextos o marcos de referencia de los miembros para dar y recibir consejo.

En Norteamérica, los menonitas financian actualmente a treinta escuelas primarias y secundarias, una docena de universidades y al menos tres seminarios. Estos son los lugares principales para el ejercicio de dar y recibir consejo en relación con la fe y práctica anabautistas.

En la actualidad, existe una considerable preocupación en muchos círculos menonitas por el analfabetismo bíblico. Sin embargo, están surgiendo cada vez más opciones para el estudio. Dichas propuestas incluyen cursos de diferentes tipos, talleres en las conferencias anuales, seminarios web (*webinars*) ofrecidos por los seminarios y una variedad de cursos en línea ofrecidos por distintas fuentes.

¿Cómo se discierne la voluntad de Dios a través del diálogo?

Mientras que el propósito principal de la predicación es inspirar a los oyentes y llamarlos al compromiso, y el propósito principal de la enseñanza es que los participantes aprendan los contenidos, el propósito principal del diálogo es que los miembros *apliquen* lo que han oído y aprendido a su vida y situación particular. Como demuestra el gráfico, el diálogo es la comunicación interactiva entre los miembros en modo de conversación.

El discernimiento a través del diálogo

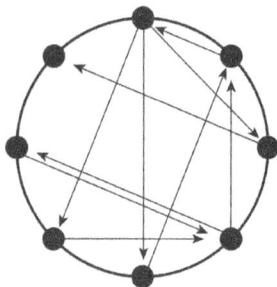

Tanto Jesús como los apóstoles y los reformadores participaban del diálogo en numerosas oportunidades. En la iglesia primitiva, este diálogo ocurría en contextos de pequeños grupos y en los hogares. Los primeros anabautistas también se encontraban cara a cara en pequeños grupos y en contextos de iglesias caseras. Estas interacciones íntimas contrastaban con los ambientes más formales de predicación y enseñanza de las iglesias convencionales y del Estado.

Algo esencial les ocurría a los primeros anabautistas cuando se reunían en grupos pequeños. En el contexto de la comunidad estrecha y el diálogo íntimo, podían experimentar la presencia de Cristo y actuar en obediencia.

¿Cómo ocurre el diálogo hoy en día?

Los grupos pequeños ofrecen un excelente marco para que los creyentes y los buscadores den y reciban consejo acerca de lo que oyeron, aprendieron o vivenciaron. Las congregaciones que están experimentando una renovación y un crecimiento ponen inevitablemente un fuerte énfasis en los grupos pequeños. En el próximo capítulo, miraremos más de cerca esta modalidad.

El diálogo es esencial para ayudar a los creyentes a rendirse cuentas entre sí. Yo me comprometí a no tomar ninguna decisión importante sin antes discutirlo con mi grupo de rendición de cuentas. A través del dar y recibir consejo, el grupo me ayuda a comprender un problema, pensar en nuevas opciones para resolverlo y establecer metas para lo que debemos lograr. A veces, mi pensamiento recibe afirmación, mientras que otras veces se me desafía a explorar otras opciones.

En sus inicios, la Iglesia Menonita Assembly de Goshen, Indiana, desarrolló una modalidad rigurosa para ayudar a los miembros a discernir la voluntad de Dios para sus vidas. Durante la primera semana del nuevo año, los miembros de los grupos pequeños se preguntaban unos a otros: "¿Cómo usaste tu tiempo el año pasado y cómo esperas usarlo este año?". La segunda semana, la pregunta para el diálogo era: "¿Cómo usaste tus talentos el año pasado y cómo esperas usarlos este año?". En la tercera semana, el diálogo se volvía aún más íntimo: "¿Cuánto dinero ganaste y cómo esperas ganar y gastar tu dinero este año?". Un miembro dijo: "Nos exigía bastante madurez dar y recibir consejo en niveles tan vulnerables, pero descubrimos que este tipo de interacción era clave para lograr el discernimiento de la voluntad de Dios para nuestras vidas".[3]

Jessica Reesor Rempel y Chris Brnjas estaban culminando sus estudios en teología cuando comenzaron a notar que muchos de sus pares, adultos jóvenes, se sentían desconectados de la iglesia, si bien su fe anabautista era importante para ellos. Comenzaron el programa Pastores en Exilio, que trata de conectar a jóvenes a través del diálogo y experiencias vivas de fe dentro y fuera de las paredes de la iglesia. Actualmente, todas las semanas Reesor Rempel dirige un estudio bíblico feminista intergeneracional donde los participantes disciernen la voluntad de Dios para sí mismos y para los demás, a través del dar y recibir consejo. Aunque el feminismo hubiera estado lejos de los pensamientos de los anabautistas del siglo XVI, Reesor Rempel y Brnjas notan las similitudes en las experiencias. Reesor Rempel explica: "Al leer [la Biblia], hacemos preguntas —sobre el poder, los privilegios, los roles de género y la naturaleza de Dios— que no hemos sido alentadas a hacer en un contexto mayor de la iglesia. Cuando nos reunimos, no hay autoridades ni expertos; en cambio, se invita a cada participante a explorar su propia interpretación de las Escrituras con el grupo. Todos tienen algo que enseñar y todos tienen algo que aprender".[4]

Como director del programa de ministerios pastorales de Hesston College, descubrí que el diálogo era esencial para ayudar a los individuos a discernir un llamado al ministerio. Los aspirantes debían tener tanto un llamado interno como un llamado externo para discernir si el llamado provenía de Dios. El llamado interno implicaba un diálogo personal con Dios y con uno mismo para discernir pasiones, pensamientos y valores. El llamado externo venía cuando un individuo o grupo externo discernía que la persona poseía los dones, la personalidad y la pasión para determinada tarea. El pastor de la conferencia regional John Powell observa que "a través del discernimiento congregacional, la congregación llama a las personas y les otorga autoridad para liderar. Esta 'autoridad' difiere en cada congregación. Algunos líderes conducen con una laxitud tremenda, mientras que otros son restringidos por estructuras formales e informales".[5]

¿Qué es esencial para el cristianismo anabautista?

Por necesidad y debido a la persecución, los primeros anabautistas fueron obligados a dejar los contextos de grandes congregaciones y habitar ambientes más íntimos, donde el dar y recibir consejo era habitual. Hoy, se alienta el dar y recibir consejo con una pregunta que se les hace a los miembros al ingresar a la comunidad: "¿Está usted dispuesto a dar y recibir consejo?". Esta pregunta ayuda a resistir la tentación de adoptar actitudes dictatoriales o de poco compromiso.

Por experiencia, hemos aprendido que, para lograr un buen discernimiento, la congregación necesita generalmente un adecuado equilibrio entre la predicación, la enseñanza y el diálogo.

¿Cuál es el mejor contexto para que se desarrolle el discernimiento y la comunidad en su sentido más profundo? En el próximo capítulo, examinamos las enriquecedoras experiencias que la dinámica de los grupos pequeños posibilita.

Preguntas para reflexionar y conversar

1. En su iglesia, ¿se pregunta a los nuevos miembros: "¿Está usted dispuesto a dar y recibir consejo en el contexto de esta congregación?"? ¿Por qué sí o por qué no?

2. Reflexione acerca de las siguientes maneras en que los creyentes dentro de la fe cristiana disciernen la voluntad de Dios.

Muchos cristianos enfatizan:	Los cristianos anabautistas enfatizan:
• El discernimiento de la voluntad de Dios a través del estudio privado y la oración.	• El estudio y la interpretación de las Escrituras en diálogo.
• La predicación es lo más importante.	• Un equilibrio entre la predicación, la enseñanza y el diálogo es importante.
• Decir a las personas lo que deberían pensar o hacer.	• Ayudar a los miembros a tomar decisiones a través del dar y recibir consejo.

3. ¿En qué situaciones ha pedido el consejo de otros? ¿Por qué necesita pedir consejo?

4. ¿Cómo ha recibido ayuda en el discernimiento de la voluntad o el llamado de Dios para su vida? ¿Fue intimidante en algún sentido? ¿En qué sentido fue provechoso?

6

Los miembros y la rendición de cuentas

De casa en casa partían el pan y compartían la comida
con alegría y generosidad, alabando a Dios y disfrutando
de la estimación general del pueblo.
Hechos 2.46-47

LA SINGULARIDAD DE LA FE ANABAUTISTA RESIDE PROBA-
blemente tanto en su forma como en su teología. Luego de estudiar sesenta y dos tesis doctorales referidas a los comienzos del
anabautismo, el pastor Takashi Yamada, un erudito de Japón,
llegó a la conclusión de que "la singularidad tanto de la iglesia
primitiva como de los primeros anabautistas fue que se reunían
en grupos pequeños donde se confrontaban unos a otros y se
fortalecían lo suficiente como para confrontar al mundo".[1]

En este capítulo exploraremos la dinámica de los grupos pequeños como una manera de organizar la iglesia para alcanzar
el grado máximo de comunidad, eficacia y rendición de cuentas. Veremos cómo pertenecer a un pequeño grupo lleno del

Espíritu puede ser lo más cercano al reino de Dios en la tierra que lleguemos a experimentar.

¿Qué es el reino de Dios?

Jesús comenzó su ministerio proclamando que el reino de Dios estaba cerca y que las profecías acerca de él se estaban cumpliendo (Marcos 1.14; Lucas 4.14-19). Pronto seleccionó a un grupo diverso de doce discípulos para la capacitación específica, les enseñó a orar "Venga tu reino. Hágase tu voluntad, en la tierra como en el cielo" (Mateo 6.10) y "los envió a predicar el reino de Dios" (Lucas 9.2).

Cuando estuvo en la tierra, Jesús predicó reiteradamente el evangelio del reino. A menudo, sus parábolas ilustraban sus cualidades. El reino era tan importante para él que durante sus últimos cuarenta días en la tierra "les habló acerca del reino de Dios" (Hechos 1.3). Aparentemente, cuando Pablo predicaba el evangelio de la gracia, predicaba también este mismo mensaje del "reino de Dios" en todos los lugares a los que acudía (Hechos 20.25; 28.23, 31).

Podría decirse que el reino de Dios está presente dondequiera que Dios es el rey. Esto significa rendirle cuentas al rey. Si Dios es el rey de su vida, "el reino de Dios está entre ustedes" (Lucas 17.21). Si Dios es el rey de su familia o grupo, "el reino de Dios ya está entre ustedes" (Lucas 17.21 NTV). Las Escrituras nos llevan a creer que el reino está aquí y a la vez aún no ha llegado. En el final de los tiempos, cuando estemos en plena presencia de Dios, experimentaremos el reino de Dios en toda su plenitud (Apocalipsis 21.7). Un grupo pequeño lleno del Espíritu trae al presente las cualidades del reino.

El reino de Dios está hecho de relaciones amorosas, no de poder político. Jesús quiere que tengamos la calidad de relación que él tuvo y aún tiene con su Padre. Cuando estuvo en la tierra, oró por que sus seguidores fueran uno en comunión, como él y su Padre eran uno (Juan 17.22). Para tener ese tipo de comunión, nos invita a arrepentirnos de todo lo falso y comprometernos a amar al Señor nuestro Dios con todo nuestro corazón, alma, mente y fuerzas (ver Mateo 22.37-39).

Jesús también era responsable ante su Padre. Dijo a sus discípulos: "Yo no puedo hacer nada por mí mismo . . . no busco hacer mi voluntad, sino hacer la voluntad del que me envió" (Juan 5.30). En el final todos seremos responsables de lo que hemos hecho.

Los seguidores de Constantino y Agustín enseñaron que la iglesia en sí era el reino de Dios. Aunque los primeros anabautistas aspiraban a ser una iglesia perfecta, reconocían que, si bien la iglesia puede proclamar el reino y ser un anticipo del mismo, la iglesia no puede ser el reino de Dios.

La identidad de los primeros cristianos anabautistas estaba ligada a su visión del reino. Ellos detectaban un marcado contraste entre el reino de Dios y los reinos de este mundo. Su compromiso con el pensamiento y modo de vivir del reino los alejó de una fe individualista y de las estructuras eclesiásticas complejas. Los ayudó a desarrollar fuertes conceptos de la vida en comunidad, donde todos deben rendirse cuentas.

¿Cómo puede verse la iglesia?

En ocasiones, se representa a la iglesia con un pájaro de dos alas. Un ala representa a la congregación organizada mayor, mientras que la otra representa a sus grupos más pequeños de cara a cara. Estas dos alas necesitan estar en equilibrio. El programa de enseñanza de la iglesia puede verse como la cola que estabiliza a la congregación.[2]

Dios siempre ha usado a grupos grandes y pequeños para lograr sus objetivos. Cuando Moisés guió a un gran grupo de

Las dos alas de la iglesia

Grupo pequeño · Grupo grande · Programa de enseñanza

exesclavos por el desierto, Jetro, su suegro, lo alentó a dividir la gran congregación en grupos pequeños. Jesús predicó a multitudes de miles de personas, pero pasó la mayor parte de su tiempo nutriendo a un grupo pequeño de doce.

Según Hechos 2, los primeros cristianos se reunían en un grupo grande en los patios del templo para recibir la enseñanza de los apóstoles. También se reunían en las casas en grupos pequeños para comer, encontrarse, orar y tomar juntos la santa cena. Además, eran generosos al compartir sus recursos entre ellos. Era en estos grupos pequeños donde más se rendían cuentas unos a otros para vivir como Jesús lo había hecho.

Se nos cuenta que estos primeros miembros no solo tenían buenas relaciones entre sí, sino que también gozaban de "*la estimación general del pueblo*" en la comunidad. Como consecuencia, "el Señor añadía a la iglesia a los que habían de ser salvos" (Hechos 2.47). Una de las razones por las que la iglesia primitiva creció tan rápidamente fue el amor y el cuidado que sentían el uno por el otro. "El apoyo mutuo y la rendición de cuentas parecen haber sido centrales para el crecimiento de la primera comunidad cristiana", señala la teóloga Reta Halteman Finger.[3]

Sin embargo, con el paso del tiempo, la energía que alguna vez se invirtió en el ministerio y las relaciones pasó a canalizarse hacia la definición de doctrinas, la organización de sistemas eclesiales y la construcción de edificios para la iglesia. El énfasis en reunirse en grupos pequeños para el compañerismo, el compartir y la rendición de cuentas se perdió en gran parte. En lugar de experimentar la presencia de Cristo en el contexto de los grupos pequeños, se alentó a los creyentes a experimentar la presencia de Cristo a través de los sacramentos. En lugar de estar presentes para acompañarse, se los alentó a estar presentes para recibir la eucaristía. Aquellos que querían seguir a Jesús en obediencia y experimentar un sentido de comunidad más íntimo vivían separados del resto en monasterios y conventos.

Aunque tal vez Martín Lutero y otros de los reformadores principales hayan querido reformar la iglesia según los lineamientos del Nuevo Testamento, sus asociaciones con el gobierno y las clases sociales altas hicieron que continuaran en el contexto de las iglesias grandes financiadas por el Estado. Mientras tanto, en paralelo a la experiencia de la iglesia primitiva, debido a la persecución, los creyentes anabautistas se reunían en grupos pequeños, cara a cara, en hogares y ambientes secretos donde experimentaban vínculos cercanos, perdón y aliento para seguir a Jesús en la vida diaria. Parece que, en muchos contextos, los grupos pequeños de relaciones cara a cara fueron la unidad básica de la iglesia, en lugar de la congregación.

¿Qué es un grupo pequeño?

Un grupo pequeño puede ser distinto en diferentes lugares y diferentes contextos. En la mayoría de los contextos norteamericanos, los grupos pequeños podrían definirse, según la erudita en formación cristiana Roberta Hestenes, como "una reunión intencional cara a cara de tres a doce personas que se reúnen en un horario regular con el propósito del apoyo mutuo y el crecimiento espiritual".[4] Cuando un grupo se conforma por más de doce individuos, se considera un grupo grande. En un grupo grande, por lo general, los miembros se sientan en hileras. Su atención tiende a enfocarse en una temática, una agenda o un líder. En un grupo pequeño, los miembros se sientan habitualmente en un círculo, manteniendo contacto visual entre sí. La atención se centra generalmente en las personas que integran el grupo, sus preocupaciones en común y en lo que están viviendo en ese momento.

Los grupos pequeños son la unidad básica de la iglesia. Se unen en redes para formar las congregaciones; las congregaciones se entretejen en redes para formar las denominaciones, y las denominaciones se entretejen en redes para constituir la iglesia universal.

¿Qué sucede en un grupo pequeño?

Los grupos pequeños brindan un espacio para responder a las necesidades de las personas y hacer rendir cuentas a los miembros por responder a las necesidades de los demás integrantes del grupo. Los grupos pequeños ofrecen a los miembros un sentido de pertenencia y un espacio para el crecimiento espiritual, al igual que contextos para el esparcimiento, el compañerismo y la interacción. En los grupos pequeños, se ayuda a los miembros a descubrir sus dones, movilizarse en el servicio y ofrecer misericordia y compasión unos a otros según las necesidades.

Creo que los grupos pequeños son lo mejor que le pasó a la iglesia desde la Reforma. La Reforma le devolvió la Biblia al pueblo; los grupos pequeños están devolviéndole el ministerio al pueblo. A menudo, las necesidades básicas se cubren mejor en grupos pequeños de doce o menos personas. Si la iglesia es donde estudiamos las Escrituras, oramos unos por otros y estamos presentes para acompañarnos en momentos de necesidad, esto suele darse más adecuadamente en el contexto de los grupos pequeños.

Las personas van allí donde sus necesidades son cubiertas. Van a la escuela cuando necesitan aprender. Van al doctor cuando necesitan ayuda médica. Van a su hogar al final del día para comer y descansar. Más y más personas en todo el mundo están yendo a grupos pequeños para satisfacer sus necesidades de relaciones más profundas, de una vida espiritual más significativa y de apoyo emocional.

Probablemente, los primeros líderes anabautistas fueron influenciados por el movimiento monástico tanto o más que por lo que ocurría en la Reforma protestante. Aunque la mayoría de los creyentes siguieron reuniéndose en catedrales, los anabautistas se reunían en grupos pequeños donde desarrollaban vínculos estrechos y se rendían cuentas. "A menudo, en los círculos fraternales pequeños nos sentimos más profundamente comprendidos por otros y recibimos la fortaleza que necesitamos para enfrentar los momentos difíciles de la vida", dice Ervin Stutzman, director ejecutivo de la Iglesia Menonita de EE. UU.[5]

¿Cuán importantes son los grupos pequeños en la iglesia?

La mayoría de las congregaciones de Canadá y Estados Unidos se organizan por programas. A menudo, estas congregaciones tienen a los grupos pequeños como un programa más de la iglesia, como se representa en el gráfico.

En una congregación basada en los programas, los miembros ponen el énfasis principal en las actividades de la iglesia. Siendo uno de sus programas, los grupos pequeños quizás tengan que competir con los cultos de adoración, un programa de

La iglesia basada en programas

escuela dominical y un proyecto de misión en relación con el tiempo y las prioridades.

La ventaja de este tipo de iglesia es que, a través de sus distintos programas, puede brindar una gran variedad de temas y actividades. La desventaja es que a menudo los miembros se encuentran con cierta dificultad para profundizar en alguna de las áreas enfatizadas y por lo tanto se logra poco.

Un segundo tipo de iglesia es una congregación *de* grupos pequeños. En lugar de ser una congregación *con* grupos como uno de sus programas, es una congregación *conformada por* grupos. Todos los miembros pertenecen principalmente a un

La iglesia basada en los grupos pequeños

grupo pequeño y luego a una congregación. A menudo, una iglesia basada en grupos pequeños se concentra en un tema a la vez. Frecuentemente, se prepara un bosquejo del sermón dominical para conversar y aplicar en los grupos pequeños. Esta dinámica permite a la congregación y a sus miembros concentrarse y profundizar en un tema a la vez.

En una iglesia *de* grupos pequeños, estos se convierten más fácilmente en la estructura organizativa y pastoral clave de la iglesia. A menudo, los líderes de los grupos funcionan como pastores laicos de los miembros, aun al punto de servirles la santa cena. Cuando alguien está enfermo, preocupado o frente a un desafío importante, el líder del grupo pequeño o un miembro del mismo son los primeros en responder. Aunque el pastor principal de la congregación permanece disponible, no se espera que el pastor principal cubra las necesidades habituales de los miembros.

La Iglesia Menonita Assembly de Goshen, Indiana, es un buen ejemplo de una congregación *de* grupos. La membresía en la congregación se concreta mediante un grupo pequeño. Los grupos pequeños brindan oportunidades para el compañerismo, el estudio, el cuidado mutuo y el ministerio de extensión. Cuando surge algún problema, se discute dentro de los grupos y luego se recurre al consejo de ancianos. Si el problema se origina en el consejo, se discute primero en los grupos y luego vuelve a aquel. El equipo de ancianos de la iglesia está integrado por un miembro de cada grupo.

Una iglesia *de* grupos pequeños, en vez de solo *con* grupos pequeños, tal vez no necesite un comité de compañerismo, una clase dominical para adultos ni un comité de evangelización, ya que estas funciones quedan cubiertas por los grupos pequeños. En ocasiones, los grupos pueden turnarse para guiar a la congregación en el culto de adoración, en la organización de un curso o taller o en la organización de un retiro para toda la iglesia. Los líderes de grupo pueden servir como junta de ancianos de la congregación.

The Meeting House, de Oakville, Ontario, afiliada a la denominación Hermanos en Cristo, es un modelo de iglesia anabautista contemporánea basada en grupos pequeños. *The Meeting House* cuenta con dieciocho congregaciones satélite que se reúnen simultáneamente en varios teatros y otros sitios ubicados ochenta kilómetros a la redonda de su predio central. Cada congregación satélite tiene su propio pastor, pero la predicación se realiza desde el centro en Oakville y luego se conversa en grupos, llamados "iglesias caseras". Aunque *The Meeting House* tiene una membresía total de más de cinco mil personas, un pastor me advirtió: "Si quiere experimentar verdaderamente a la iglesia, debe ser parte de alguno de nuestros grupos pequeños. ¡Es en los grupos pequeños donde se la ve!".

¿Qué está generando el crecimiento en el Sur global?

La historia de la Iglesia Meserete Kristos de Etiopía nos está ayudando a reaprender qué era esencial para la iglesia primitiva y las iglesias anabautistas. En 1982, la denominación estaba compuesta por catorce congregaciones con aproximadamente cinco mil miembros. Ese año, un Gobierno represivo encarceló a pastores y obligó a las catorce congregaciones a cerrar sus puertas. Como respuesta creativa a este problema, los ancianos prepararon guías de estudio y alentaron a todos los miembros a reunirse semanalmente en los hogares, en grupos de siete o menos integrantes. Cuando un grupo llegaba a los nueve integrantes, se alentaba a los miembros a conformar un nuevo grupo. Durante ocho años, los miembros se nutrieron en estos grupos pequeños y allí se rendían cuentas de su fe.

Cuando se levantaron las restricciones gubernamentales, ¡todos se sorprendieron al ver que la iglesia había crecido de catorce a cincuenta congregaciones y de cinco mil a cincuenta mil miembros! La Iglesia Meserete Kristos continuó con su fuerte énfasis en los grupos pequeños y ahora ¡ha crecido hasta albergar a setecientas congregaciones con más de cuatrocientos mil asistentes!

Según el sociólogo Conrad Kanagy, las iglesias en general y las iglesias anabautistas en particular están creciendo más rápidamente en el Sur global.[6] Junto a los coautores Tilahun Beyene y Richard Showalter, Kanagy informa que, en los últimos treinta y cinco años, los creyentes anabautistas se han cuadruplicado en Asia y Centroamérica y se multiplicaron por siete en África.

Gran parte de la vitalidad de estas iglesias en crecimiento en el Sur global se debe al fuerte énfasis en los grupos pequeños. Un pastor etíope me dijo: "Puede dejar de ir a un culto dominical, pero ¡no deje de asistir a la reunión del miércoles en los hogares, porque perderá su fe!".

Kanagy Beyene, y Showalter escriben: "El anabautismo del Sur global tiene mucho en común con sus orígenes del siglo XVI —quizás más que el anabautismo contemporáneo de Norteamérica y Europa".[7]

¿Cuán a menudo debería reunirse un grupo pequeño?

Por lo general, es cierto que cuanto más a menudo se reúne el grupo, más estrechos se vuelven los vínculos entre los integrantes y más se acerca cada uno a Cristo. Los grupos de la iglesia primitiva y de los primeros anabautistas se reunían una vez por semana o con mayor frecuencia. Los grupos pequeños que se reúnen mensualmente, como es habitual en las iglesias basadas en programas, tienen un impacto mínimo sobre sus miembros. La influencia en el pensamiento, las relaciones y la obediencia

Frecuencia e influencia de las reuniones de los grupos pequeños

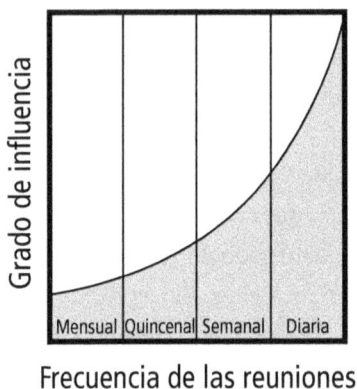

Grado de influencia

Mensual | Quincenal | Semanal | Diaria

Frecuencia de las reuniones

gozosa se incrementan exponencialmente según la frecuencia de las reuniones.

La pregunta de cuán a menudo debería reunirse un grupo pequeño se relaciona con la importancia que tiene el sentido de comunidad para las personas que integran el grupo. Si los programas y las actividades son lo más importante, consumirán la mayor parte de la energía y el tiempo. De todos modos, si la profundidad del compañerismo, el crecimiento espiritual y el hecho de vivir justa y correctamente son lo más importante, se dará mayor prioridad a una reunión semanal del grupo pequeño que a los programas. A menudo, las congregaciones compuestas por grupos descubren que los dones claves que su iglesia tiene para ofrecer son el compañerismo y el apoyo a la misión. Vivencian la comunidad y la rendición de cuentas en el contexto de los grupos pequeños.

¿Qué es esencial para el cristianismo anabautista?

Al igual que en los tiempos de los primeros anabautistas, en las iglesias actuales suele existir una marcada diferencia entre las iglesias basadas en los programas con grupos pequeños y las congregaciones que se componen de grupos pequeños. Las iglesias que se basan en los grupos pequeños se enfocan con mayor claridad en el crecimiento y el bienestar de sus miembros y de aquellos a quienes desean llegar. Los grupos pequeños, a veces llamados grupos de cuidado mutuo, son a menudo los mejores contextos para cubrir las necesidades de las personas y ayudarlas a cubrir las necesidades de otros.

En el primer valor central afirmamos que Jesús es el centro de nuestra fe. En esta segunda parte afirmamos que la comunidad es el centro de nuestra vida. Ahora, seguimos con el tercer valor central: la reconciliación es el centro de nuestra tarea.

Preguntas para reflexionar y conversar

1. ¿De qué maneras o en qué lugares está experimentando actualmente la comunidad cristiana?

2. Reflexione sobre los siguientes contrastes entre las iglesias basadas en programas *con* grupos y las iglesias basadas en grupos pequeños que se componen *de* grupos.

Una iglesia *con* grupos enfatiza:	Una iglesia *de* grupos pequeños enfatiza:
• La iglesia como una organización con varios programas	• La iglesia como una familia compuesta por grupos de compañerismo.
• La congregación reunida en los cultos es la unidad básica de la iglesia.	• El grupo pequeño es la unidad básica de la iglesia.
• El santuario es el lugar básico de encuentro de la congregación.	• Los hogares, las oficinas y los restaurantes suelen ser sus lugares de encuentro.
• El pastor es la fuente principal de cuidado pastoral de sus miembros. Los miembros rinden cuentas por su compromiso en los programas.	• Los líderes y miembros del grupo son los principales encargados de cuidar de la congregación. Los miembros rinden cuentas de su vida personal.

3. Si usted es miembro de un grupo pequeño, ¿cuáles de las siguientes necesidades cubre su grupo?

___ Un sentido de pertenencia

___ Recepción de personas nuevas

___ Crecimiento espiritual

___ Descubrimiento de sus dones

___ Diversión y compañerismo

___ Motivación para el servicio

___ Compartir y oración

___ Recibir misericordia y compasión

¿Cuál de las siguientes razones le gustaría que sea la principal de su grupo?

___ Experimentar amistades y relaciones sociales

___ Experimentar un espacio sustancial para compartir y orar

___ Experimentar estudios bíblicos y un crecimiento espiritual

___ Recibir apoyo para la misión y el servicio

___ Otra: _____

Tercera parte

La reconciliación es el centro de nuestra tarea

7

Los individuos son reconciliados con Dios

De modo que si alguno está en Cristo, ya es una nueva
creación; atrás ha quedado lo viejo: ¡ahora ya todo
es nuevo! Y todo esto proviene de Dios, quien nos
reconcilió consigo mismo a través de Cristo y nos
dio el ministerio de la reconciliación.
2 Corintios 5.17-18

MIENTRAS ALGUNOS SEGUIDORES DE CRISTO DICEN QUE
la evangelización es el centro de nuestra tarea, otros dicen
que construir la paz es lo más importante. Por cierto, tanto la
evangelización como la construcción de la paz son esenciales.
Nuestro tercer valor central reúne estos dos aspectos de la fe
cristiana en la palabra *reconciliación*.

La reconciliación tiene que ver restaurar vínculos. Consiste
en acercar a personas, ideas o situaciones que han estado en
conflicto. La reconciliación supone que en algún momento
hubo compañerismo. Sin embargo, se produjo una ofensa que

generó distanciamiento y quizás hostilidad, los cuales deben ser resueltos.

En este capítulo, exploramos de qué manera somos reconciliados personalmente con Dios y cómo buscamos ayudar a otros a reconciliarse con Dios. En el capítulo 8, exploraremos cómo los miembros se reconcilian entre sí en la iglesia. El capítulo 9 aborda el modo en que buscamos reconciliar a personas que atraviesan conflictos en el mundo.

¿Qué se necesita para la reconciliación?

Es básico para la fe anabautista que cada persona debe tomar una decisión personal o una serie de decisiones para aceptar el ofrecimiento de perdón que hace Dios y su invitación a la obediencia gozosa. Los primeros anabautistas creían que no era suficiente ser simplemente ciudadano de una jurisdicción que se decía cristiana, algo que sí creía la iglesia prevaleciente. Ellos creían que era necesario tomar una decisión clara en cuanto a la reconciliación con Dios. Una y otra vez citaban a Jesús, quien dijo: "No todo el que me dice: 'Señor, Señor', entrará en el reino de los cielos, sino el que hace la voluntad de mi Padre que está en los cielos" (Mateo 7.21).

Para la primera generación de anabautistas, tomar una decisión determinada tenía especial importancia. Más adelante, en el contexto de un hogar de creyentes, los niños aceptaban a menudo la gracia de Dios y seguían el camino de Jesús. Tanto para la primera generación de anabautistas como para sus hijos, el bautismo anunciaba su deseo y decisión de vivir según la gracia de Dios y sus caminos.

En cuanto a la reconciliación individual, no es Dios quien necesita reconciliarse ni quien debe tomar una decisión. Dios no ha pecado ni nos ha ofendido. Al contrario, él siempre ha anhelado una relación amorosa con cada uno de nosotros.

Somos nosotros quienes hemos errado. Nosotros necesitamos la restauración del vínculo con Dios y su voluntad.

Los conceptos imprecisos sobre Dios también son motivo de preocupación. Dios envió a su Hijo, Jesús, a este mundo para reconciliarnos con un Dios mal comprendido. El mundo necesitaba conocer a Dios como un padre/madre amoroso y cuidadoso, compasivo y lleno de misericordia, pero que además es poderoso y lo suficientemente decidido como para hacer que las cosas resulten de una manera justa. Tener una relación con Dios marca una diferencia. El filósofo Robert Solomon escribe: "Nuestra creencia en este Dios justo y amoroso y nuestro compromiso de unirnos a la obra de Dios nos llevan a la conclusión de que la justicia llegará, ya sea en esta vida o en la próxima".[1]

¿Qué es la salvación?

El historiador menonita C. Arnold Snyder dice: "Desde mi punto de vista, el corazón y alma del movimiento anabautista se encuentran en su comprensión de la salvación".[2] Los anabautistas comprenden la salvación en términos de reconciliación y transformación. *Ser salvos* significa ser reconciliados con Dios y con la familia de Dios. Cuando somos reconciliados con Dios, tal como lo conocemos en Cristo y en el cuerpo de Cristo, somos transformados en nuestra manera de pensar, sentir y actuar.

Snyder observa que los reformadores radicales anabautistas creían que la regeneración, o el cambio interno de la naturaleza humana, era posible. Creían que, por el poder de Dios, "los pecadores renacen y son regenerados por el Espíritu Santo, y se convierten en nuevas personas". Así, estas nuevas personas viven vidas que dan testimonio de la santificación que la gracia de Dios está obrando".[3]

La transformación es la meta. Cuando estamos dispuestos

y somos obedientes, Dios nos transforma en lo debemos ser. Cuando ocurre ese cambio, ¡es una buena nueva! Es una buena nueva no solo para el individuo, sino también para aquellos con quienes se relaciona. Una verdadera relación con Dios resulta en obras de amor.[4]

Jim Wallis, editor de la revista *Sojourners*, describe el proceso de transformación o salvación con la siguiente frase: "El Nuevo Testamento enfatiza la necesidad de un cambio radical y nos invita a buscar un curso totalmente diferente en la vida. De esta manera, la conversión es mucho más que una liberación emocional y mucho más que una adhesión intelectual a una doctrina correcta. Es un cambio básico de dirección en la vida."[5]

Para los primeros anabautistas, seguir a Jesús en la vida cotidiana no era fundamentalmente una cuestión de obedecer la ley, sino un resultado de la gracia y la regeneración de Dios que lo permite. "La ley no es capaz de cambiar el corazón", dijo Pilgram Marpeck, uno de los primeros anabautistas. "Solo Dios y el Espíritu de gracia de Dios pueden hacerlo".

Los anabautistas tenían una visión diferente de la salvación que la de los creyentes católicos y los protestantes. Los anabautistas no creían en el pecado original y por lo tanto no creían en que el bautismo de infantes u otros sacramentos fueran necesarios para salvar a la persona del castigo eterno. Es más, la mayoría de los anabautistas discrepaban con la predestinación, que coloca toda la responsabilidad de la salvación en Dios. Ellos insistían en que, si bien la salvación es por la gracia de Dios, es necesario que los individuos decidan aceptar o rechazar el ofrecimiento y la invitación de Dios. Además, los anabautistas no creían que la justificación por la fe fuera, en sí misma, una visión adecuada de la salvación. Creían que debía haber un trabajo de transformación del Espíritu Santo y un compromiso de seguir a Jesús en la vida diaria.

¿Qué tipo de transformación ocurre?

¿Cómo podríamos comprender el trabajo transformador del Espíritu Santo? En primer lugar, debemos comprender que la transformación es obra de Dios. Ninguno de nosotros puede superar nuestras limitaciones y vivir una vida a semejanza de Cristo sin la ayuda de Dios. Aun si pudiéramos alterar nuestras acciones externas por nuestra propia voluntad, solo Dios puede cambiar nuestro corazón y nuestro espíritu interior.

Para los anabautistas, la salvación por medio de Cristo significaba ceder a Dios y ser creado de nuevo como una nueva persona empoderada para vivir un estilo de vida diferente. Había un sentido de integridad en la comprensión anabautista de la reconciliación.

Cuando una persona restaura su relación con Dios, es salva o liberada del mal o el conflicto que estaba experimentando. Ese mal o conflicto pudo haber existido en múltiples áreas. El evangelista Myron Augsburger dice: "El evangelio menonita busca salvar a la persona como un ser integral: cuerpo, alma y espíritu".[6] El ya fallecido David Schroeder, quien fue profesor de la Universidad Bíblica Menonita de Canadá, dijo: "Cuando somos salvos, deberíamos ser capaces de nombrar específicamente aquello de lo que fuimos liberados".[7]

La obra transformadora de Dios puede describirse en términos de creación, caída y redención, como representan los siguientes gráficos.[8]

Creados a imagen de Dios

Nuestro Dios es un Dios que actúa, piensa y siente y que, en esencia, es Espíritu. Este Dios pensante creó el universo y todo lo que contiene. Este Dios que siente expresa tanto compasión como justo enojo. Este Dios que actúa liberó a los hijos de

Israel de la esclavitud y continúa liberándonos de esclavitudes de todo tipo.

Creados a imagen de Dios

Por ser creados a imagen de Dios, nosotros también somos individuos que piensan, sienten y actúan, siendo de naturaleza esencialmente espiritual. Nuestro verdadero ser es nuestro espíritu interior. No puede verse, pero determina quiénes somos y aquello por lo que los demás nos conocerán. Nuestro cuerpo es la estructura visible a través de la cual nuestro espíritu se expresa. Cuando el Espíritu de Dios está en nosotros, somos capaces de pensar, sentir y actuar de una manera que representa a Dios.

Caídos por el pecado

Desafortunadamente, todos nos descarriamos y "está[mos] destituidos de la gloria de Dios" (Romanos 3.23). En lugar de tener como centro al Espíritu de Dios, tendemos a colocarnos a nosotros mismos en el centro de nuestra persona. En un estado caído y pecaminoso, podríamos ser representados con el siguiente gráfico:

El estado caído

En el Plan con Propósito de la Iglesia Menonita de EE. UU., los líderes de la denominación escriben: "Por el pecado, todos nos hemos alejado de la intención del Creador, hemos dañado la imagen de Dios en la que fuimos creados, hemos perturbado el orden del mundo y hemos limitado nuestro amor por los demás. Por lo tanto, a través del poder reconciliador de Jesucristo, buscamos caminar en la justicia o en relación correcta con Dios y los demás".[9]

Cuando uno mismo está en el centro, en lugar del Espíritu de Dios, tendemos a inclinarnos hacia nuestros propios pensamientos, preocuparnos por nuestros sentimientos y actuar de acuerdo a nuestros propios intereses —aun cuando aquellos pensamientos, sentimientos y acciones no son los mejores para aquellos con quienes nos relacionamos. El apóstol Pablo afirma: "Si alguno no tiene el Espíritu de Cristo, no es de él" (Romanos 8.9). La consecuencia de la vida egoísta es la muerte del entusiasmo, de las relaciones y de la esperanza (ver Romanos 6.23).

Las creencias determinan los sentimientos, y los sentimientos determinan las acciones. Nuestro modo de pensar afecta nuestro modo de sentir respecto a las cosas, y el modo en que nos sentimos influye en el modo en que actuamos. El apóstol Pablo dice: "Los que están dominados por la naturaleza pecaminosa piensan en cosas pecaminosas, pero los que son controlados por el Espíritu Santo piensan en las cosas que agradan al Espíritu" (Romanos 8.5 NTV).

Redimidos y transformados por Cristo

Jesús comenzó su ministerio con este llamado: "¡Arrepiéntanse, y crean en el evangelio!" (Marcos 1.15). Para ser transformados, necesitamos atravesar un tiempo de arrepentimiento y dejar los viejos pensamientos, sentimientos y acciones. "Es mediante la muerte —a nuestras prácticas anteriores, viejos hábitos y malas actitudes— que el Espíritu Santo remodela nuestra vida", afirma el pastor Darren Petker. "El Espíritu Santo está haciendo algo nuevo de nosotros continuamente cuando morimos a nuestros antiguos comportamientos y patrones de pensamiento, para que en su lugar la nueva vida pueda enraizarse. Jesús sabía muy bien que la muerte era necesaria para que comenzara una vida nueva. Él entregó su vida voluntariamente para que el poder de su resurrección pudiera transformarnos".[10]

Cuando nos arrepentimos de nuestros pensamientos, actitudes y acciones egoístas y abrimos nuestra vida al Espíritu de Dios, somos transformados. Podríamos representar a una persona transformada con el siguiente gráfico.

La persona transformada

PENSAR como CRISTO · SENTIR como CRISTO · **ESPÍRITU** · ACTUAR como CRISTO

Los primeros líderes anabautistas hablaban con entusiasmo acerca del poder transformador del Espíritu Santo. Creían que el Espíritu Santo permitía que los creyentes siguieran a Jesús en la vida diaria. Estaban convencidos de que para ellos era posible ser transformados en lo que Dios quería que fueran. Creían que era posible "nacer de nuevo": poder comenzar de nuevo con nuevos valores centrales, disciplinas y poder interno. Creían que con un nuevo espíritu interior ¡somos capaces de pensar, sentir y actuar como Cristo!

¿Cómo nos conocerán?

Cuando en nuestro centro hay un nuevo espíritu, alcanzamos una nueva identidad. Nuestros pensamientos, sentimientos y acciones transmiten una nueva realidad. En vez de preocuparnos por nosotros mismos, tenemos algo para dar. "El cristianismo no es una religión ni una filosofía", dice Rick Warren, pastor de la Iglesia Comunitaria de Saddleback. "Es una relación y un modo de vida. El centro de ese modo de vida es pensar en los demás, como hizo Jesús, en lugar de en nosotros mismos. Pensar en los demás es el corazón de la semejanza con Cristo y la mejor evidencia del crecimiento espiritual".[11]

Como alumnos/maestros. En nuestro *pensamiento*, nos conocerán como alumnos/maestros. El apóstol Pablo escribe: "transfórmense por medio de la renovación de su mente" (Romanos 12.2). Describe esa identidad transformada diciendo: "Que haya en ustedes el mismo sentir que hubo en Cristo Jesús" (Filipenses 2.5).

Cuando estudiamos la vida, las enseñanzas y el ministerio de Jesús, comenzamos a pensar como Jesús, y entonces, al relacionarnos con la familia, los amigos y los vecinos, comenzamos a enseñar lo que hemos aprendido. En otras palabras, nos convertimos en alumnos/maestros. ¡Somos alumnos que aprendemos de Jesús y al mismo tiempo somos maestros que transmitimos a otros lo que hemos aprendido!

Como reconciliadores perdonados. En cuanto a nuestros *sentimientos*, nos conocerán como reconciliadores perdonados. "Sean bondadosos y misericordiosos, y perdónense unos a otros, así como también Dios los perdonó a ustedes en Cristo (Efesios 4.32). Durante el proceso de transformación, nos despojamos de emociones pasadas y comenzamos a desarrollar actitudes hacia los demás como las que Dios manifiesta con nosotros. El Espíritu Santo nos concede la capacidad de transmitir a los demás el "amor, gozo, paz, paciencia, benignidad, bondad, fe, mansedumbre, templanza" (Gálatas 5.22-23) que Dios nos ha dado a nosotros. Por la gracia de Dios, ¡nos convertimos en reconciliadores perdonados! Perdonamos a otros como nosotros hemos sido perdonados y los ayudamos a alcanzar la reconciliación.

Como líderes siervos. En nuestras *acciones*, seremos conocidos como líderes siervos. Dios nos da a cada uno al menos un don para el beneficio de los demás. Cuando usamos el don, nos convertimos en líderes capacitados en esa área de la vida o del trabajo. Como escribe Pedro: "Ponga cada uno al servicio de los demás el don que haya recibido, y sea un buen administrador de la gracia de Dios en sus diferentes manifestaciones" (1 Pedro 4.10). Cuando nos colocamos bajo el nuevo gobierno de Jesús, nuestras acciones y modos de operar se modifican. Dejamos de ser (o admirar a) tiranos que "señorean" sobre otros y buscan convertirse en seguidores de Jesús, quien "no vino para ser servido, sino para servir" (Mateo 20.25 y 28). Por la gracia de Dios y el ejemplo de Jesús, nos convertimos en líderes siervos que usan los dones que Dios les ha dado para el beneficio de los demás.

"El intelecto, la experiencia y la educación: todos ellos deben aplicarse a la situación del momento", dice Willy Reimer, director ejecutivo de la Conferencia Canadiense de las Iglesias de los Hermanos Menonitas. "Se espera que utilicemos los dones espirituales que el Espíritu Santo nos ha dado a cada uno, dones que tienen la intención de bendecir a la comunidad en la que vivimos y servimos; dones como la sabiduría, la fe, las palabras de conocimiento, el discernimiento y la profecía".[12]

¿Cómo ayudamos a otros a reconciliarse y transformarse?

Los anabautistas se ven a sí mismos como compañeros de trabajo de Dios en la labor de restaurar las relaciones. Creen que el deseo de Dios es "[reconciliarnos] consigo mismo a través de Cristo", y que Dios "nos dio el ministerio de la reconciliación" (2 Corintios 5.18).

Los apóstoles interpretaron literalmente a Jesús cuando dijo: "Vayan por todo el mundo y anuncien las buenas nuevas a toda criatura. El que crea y sea bautizado será salvo, pero el que no crea será condenado" (Marcos 16.15-16 NVI). Los apóstoles ayudaron a otros a reconciliarse con Dios al ir a donde ellos estaban y ayudándoles a tomar decisiones para sus vidas en relación a Jesús. Cuando la persecución obligó a los apóstoles a huir de Jerusalén, fueron a todos los rincones del mundo conocido, haciendo discípulos y plantando iglesias.

La cristiandad que surgió después de Constantino no enfatizaba la toma individual de decisiones ni la transformación interior, como sí lo había hecho la iglesia primitiva. Constantino y otros emperadores buscaron difundir la fe cristiana y el imperio por medio del mandato y la fuerza en vez de a través de la transformación interior. A menudo, la fe era solo un término.

Durante la edad media y la Reforma, tanto los líderes católicos como los protestantes creían que la Gran Comisión se había cumplido. Creían que todos los ciudadanos de su país o provincia, excepto los judíos y algunos otros, eran cristianos. Su tarea principal era ayudar a todos los ciudadanos a ser mejores cristianos a través de los sacramentos y ser más leales a las reglas de la iglesia y sus líderes.

Los anabautistas cristianos rechazaban este concepto del cristianismo. Creían que cada persona debía decidir si se comprometería a una relación personal y voluntaria con Jesucristo. Como consecuencia de ello, los primeros anabautistas, al igual que los primeros apóstoles, aceptaron la Gran Comisión como un mandato literal. Empoderados por el Espíritu Santo, se convirtieron en el movimiento evangelizador del siglo XVI dentro de la cristiandad. El historiador Franklin Littell escribe: "Ellos consideraban que el poder real no residía ni en el magistrado ni en la iglesia territorial, sino en el Espíritu Santo que vivía en ellos. Por lo tanto, en el momento en que el protestantismo dominante estaba buscando conseguir que trescientos pequeños Estados se sometieran a una definición territorial de su religión, los anabautistas estaban enviando a sus misioneros a todo lugar donde conseguían un público para predicar el arrepentimiento y el reino de Dios. Creían con el salmista que '¡Del Señor son la tierra y su plenitud! ...' y en ningún lugar habría de prohibirse la proclamación del evangelio".[13]

Con persistencia y pasión, los principales líderes anabautistas recorrieron Europa buscando reconciliar a las personas con Dios y con su prójimo.[14] Los archivistas han encontrado que hacia mediados del siglo XVI, los misioneros anabautistas estaban predicando en toda Alemania, Austria, Suiza, Holanda y Francia. Algunos llegaron a regiones tan lejanas como Dinamarca y Suecia hacia el norte y hasta Grecia y Constantinopla al sur.

Era evidente que invitaban a los oyentes a tomar una decisión clara y bautizarse al confesar su nueva relación con Jesús. El misionero anabautista Leonard Bouwens registraba sus experiencias en un diario personal en el cual anotó la fecha y el lugar exactos de los bautismos que celebró, ¡siendo que fueron más de diez mil! Otros predicadores anabautistas también contaron en miles los convertidos que habían bautizado. Sin embargo, aún más impresionante que esto fue el testimonio de cientos de hombres y mujeres comunes que se llenaron tanto de la vida de Cristo que sus familiares, vecinos y amigos, condenados por el pecado, fueron atraídos por la vida rebosante y transformada que observaban en estos creyentes.[15] El historiador Hans Kasdorf observa: "No eran solo los líderes los activos en la evangelización. No había distinción entre una clase ministerial académicamente educada y el laicado. Cada miembro era potencialmente predicador y misionero, y todos tenían la misma oportunidad de crecimiento según su propia competencia, como ocurrió en la iglesia primitiva".[16]

Sin embargo, el costo de la obediencia fue enorme, y el crecimiento acelerado duró poco. En agosto de 1527, sesenta líderes se reunieron en Ausburgo, Alemania, en una conferencia de misioneros. Salieron como evangelistas itinerantes proclamando el evangelio, bautizando a nuevos conversos, organizando iglesias y afianzando a los nuevos creyentes en la fe. Sin embargo, encontraron una intensa persecución y muerte. Solo dos o tres de los sesenta originales vivieron hasta el final del quinto año del movimiento. El Ausbund, un himnario originario de esa época que los amish aún utilizan en sus cultos, contiene notas biográficas cortas en la lista de autores al lado de los himnos que escribieron, tales como: "quemado 1525", "ahogado 1526", "ahorcado 1527". Se conoce por nombre a más de diez mil mártires, y se estima que cuatro o cinco mil "hombres, mujeres y niños cayeron víctimas del agua, el fuego y la espada".[17]

Desafortunadamente, debido a la persecución y la pérdida de sus líderes principales, el movimiento anabautista entró en retirada. Después de que algunos creyentes fueran obligados a huir de sus hogares y aldeas, se reunieron en nuevas comunidades donde vivieron su fe, pero no se orientaron a la expansión.

Los anabautistas de hoy utilizan un abanico de formas de ayudar a otros a reconciliarse con Dios. En una consulta intermenonita acerca de la evangelización a la que asistieron más de dos mil personas, los representantes dieron testimonio del modo en que buscadores habían recibido ayuda para tomar la decisión de seguir a Cristo mediante múltiples formas de testimonio. Estas formas de testimonio incluían testimonios de paz, ministerios entre jóvenes, medios masivos, acción social, teatro, música, predicación, educación, ministerios médicos, visitas personales y grupos pequeños.[18]

¿Qué es esencial para el cristianismo anabautista?

Los anabautistas creen que la fe y la obediencia gozosa deben ir de la mano. Los buscadores precisan ayuda para decidir sobre la aceptación de la gracia de Dios y su voluntad de seguir a Jesús en la vida diaria.

Los anabautistas creen que a medida que abrimos nuestra vida al Espíritu de Dios, nuestra naturaleza (incluyendo nuestros pensamientos, actitudes y acciones) cambia. Esta creencia contrasta con la de muchos que sostienen que su naturaleza permanece pecaminosa y limitan la salvación a una experiencia espiritual personal o a ser miembros de una iglesia.

Una vida transformada se vive en el contexto de un grupo comprometido de seguidores. Seguramente se producirán conflictos ocasionales. Cuando las relaciones entre los miembros se tornan tensas, ¿cómo pueden volver a reconciliarse? En nuestro próximo capítulo exploramos cómo esto puede y debe suceder.

Preguntas para reflexionar y conversar

1. ¿Cuáles son las ofensas que perturban nuestra relación con Dios? ¿Cómo se reconcilia uno con Dios?

2. Reflexione acerca de las diferentes maneras en que los creyentes de la fe cristiana enfatizan la salvación y la reconciliación.

Muchos cristianos enfatizan:	Los cristianos anabautistas enfatizan:
• La evangelización o hacer la paz están en el centro de nuestra tarea.	• La reconciliación es el centro de nuestra tarea.
• Ser cristiano significa ser un miembro de una familia cristiana o de una iglesia cristiana.	• Ser cristiano significa aceptar la gracia de Dios y la invitación a la obediencia gozosa.
• Ser salvo significa evitar la eternidad del infierno.	• Ser salvo significa reconciliarse con Dios y su familia.
• La salvación significa la remisión general y el perdón del pecado.	• Ser salvo significa la liberación específica del pecado.
• La salvación es una experiencia espiritual personal; nuestra naturaleza sigue siendo pecaminosa.	• La salvación es una experiencia transformadora; nuestra naturaleza es transformada.
• La evangelización es un don especial	• La evangelización es responsabilidad de todos los creyentes.

3. ¿Qué apasionaba tanto a los anabautistas que podían evangelizar tan enérgicamente a pesar de la persecución y la muerte?

4. ¿Cómo están ayudando usted y su iglesia a reconciliar a los individuos con Dios?

8

Los miembros son reconciliados entre sí

Por tanto, si traes tu ofrenda al altar, y allí te acuerdas de
que tu hermano tiene algo contra ti, deja allí tu ofrenda
delante del altar, y ve y reconcíliate primero con tu
hermano, y después de eso vuelve y presenta tu ofrenda.
Mateo 5.23-24

COMO CUALQUIER OTRA ORGANIZACIÓN, LOS MIEMBROS DE
una familia o iglesia experimentarán, en ocasiones, el conflicto.
Jesús, los discípulos y los primeros anabautistas: todos tenían
conflictos, como los tienen los miembros de todas las iglesias
y todas las denominaciones. El punto importante a considerar
es cómo los creyentes resuelven sus conflictos y retienen o res-
tauran sus relaciones.

Es importante recordar que los conflictos se pueden deber
a la diferencia de personalidades, creencias, metas, reglas, culturas y estilos. A menudo, los seguidores de Cristo tienen desacuerdos honestos y legítimos. No todos los conflictos se deben

al pecado. Pablo y Bernabé estaban en desacuerdo acerca de la utilidad de Marcos. Como resultado, se activaron dos equipos de evangelización. No hubo pecado de por medio (ver Hechos 15.39-41).

Es importante saber que podemos estar en desacuerdo sin tratar mal a lo demás.[1] Mientras que la resolución del conflicto se focaliza en el problema, la reconciliación se enfoca en la relación. Una relación puede ser restaurada aun cuando no podamos resolver el conflicto.

El trabajo de reconciliación busca desarrollar relaciones saludables entre las personas en conflicto. Se alienta a los seguidores de Cristo a que, al enfrentar un conflicto, "piensen en la reconciliación" en vez de decidir rápidamente quién tiene la razón y quién está equivocado.

En este capítulo exploramos cómo la iglesia ha abordado el conflicto y más específicamente, cómo los anabautistas han logrado reconciliar relaciones resentidas o quebrantadas puertas adentro.

¿Cómo ha abordado el conflicto la iglesia?

Jesús tuvo que lidiar con el conflicto dentro de su grupo primario de seguidores. En cierta ocasión, sus discípulos discutieron entre ellos acerca de quién sería el más grande en su reino (ver Lucas 9.46-48). En otra situación, los discípulos no estuvieron de acuerdo con Jesús cuando él decidió ir a Jerusalén durante la época de la Pascua (ver Mateo 16.21-23). Jesús pudo utilizar los momentos de desacuerdo para transmitir enseñanzas y fortalecer las relaciones.

Lamentablemente, durante gran parte de la historia de la iglesia, los líderes han escogido manejar los pensamientos y comportamientos desviados con castigos severos. Los líderes creían que, si los miembros que estaban errados eran castigados con suficiente severidad, cambiarían sus actitudes, palabras y acciones. Los desviados eran considerados criminales que necesitaban ser corregidos. La herejía era un delito capital. Las autoridades católicas preferían quemar a los herejes en la hoguera, mientras que los protestantes practicaban la decapitación y el ahogamiento.

"Lo que hoy llamamos persecución, en el siglo XVI era considerado disciplina de la iglesia", escribe el historiador Walter Klaassen. "Los anabautistas siempre fueron considerados miembros de la iglesia que se habían desviado. Por lo tanto, las autoridades de la iglesia se sentían responsables por ellos. La disciplina era a menudo severa e incluía el encarcelamiento, la tortura, el exilio, la privación de bienes e incluso la muerte. La pena de muerte como último acto de disciplina tenía una larga historia. La única manera de deshacerse de un hereje incorregible era matarlo".[2]

¿Cómo abordaban el conflicto los primeros anabautistas?

Los líderes anabautistas adoptaron un abordaje diferente tanto al de los líderes católicos como al de los protestantes. Aunque admitían que los Gobiernos seculares podían utilizar la espada para resolver las disputas, rechazaban la tortura, el encarcelamiento y la muerte como formas legítimas de disciplinar.

Los primeros líderes anabautistas insistían en que los juramentos falsos, la violencia, la borrachera y el desenfreno que la iglesia toleraba demasiado a menudo debían ser atendidos. Sin embargo, querían abordar estos asuntos al modo de Cristo, de manera que, en lugar de castigos severos, adoptaron lo que se denominó la regla de Cristo. La regla de Cristo se convirtió en su modo principal de tratar con herejes y con aquellos que ya no seguían a Jesús en la vida diaria.

Según la regla de Cristo, como se registra en Mateo 18, si un miembro de la iglesia se implicaba con el pecado o la herejía, los líderes debían actuar de la siguiente manera:

1. Hablar directamente con la persona: "Por tanto, si tu hermano peca contra ti, ve y repréndelo cuando él y tú estén solos. Si te hace caso, habrás ganado a tu hermano" (Mateo 18.15). (Debemos reconocer que, en muchas culturas, como en las orientales, se convoca a un intermediario significativo de la familia para ayudar a resolver el conflicto.)

2. Buscar ayuda objetiva: "Pero si no te hace caso, haz que te acompañen uno o dos más, para que todo lo que se diga conste en labios de dos o tres testigos" (Mateo 18.16).

3. Llevarlo a la iglesia: "Si tampoco a ellos les hace caso, hazlo saber a la iglesia" (Mateo 18.17). En la actualidad, llevarlo a la iglesia puede significar llevar el asunto a la reunión del consejo de la iglesia.

4. Soltar a la persona: "Y si tampoco a la iglesia le hace caso, ténganlo entonces por gentil y cobrador de impuestos" (Mateo 18.17). Se quita a la persona de la lista de miembros y se la pasa a la lista de evangelización, considerándola un no creyente que necesita ser reconciliado.

¿Qué es el ciclo de reconciliación?

Ron Kraybill, un consejero reconocido, diseñó una herramienta denominada "el ciclo de reconciliación", que es una manera de interpretar e implementar la regla de Cristo. Ha ayudado a muchas personas a aprender a reconciliar a otros y a reconciliarse con otros.

Kraybill, quien sirvió como asesor de capacitación para el Acuerdo de Paz Nacional de Sudáfrica, basó el ciclo en su experiencia del trabajo con las personas después de la abolición del apartheid.[3] Él y muchos otros, incluyendo personal de las Naciones Unidas, lo han utilizado en muchas otras situaciones de conflicto.

Aunque la resolución de conflictos se maneja de maneras diferentes en distintas culturas, utilizaremos el "ciclo de reconciliación" como un modelo básico para la resolución de conflictos y la restauración de relaciones entre personas o grupos. Algunas modificaciones pueden ser necesarias, según el contexto y la cultura.

Los siete pasos del ciclo de reconciliación pueden representarse con este gráfico:

El ciclo de reconciliación

En el capítulo 4, describí una situación que surgió durante mi primer pastorado entre un hombre al que llamé Vernon y que era el presidente de la congregación, y John, que era el presidente de los ancianos. Como recordará, Vernon había ofendido a John en una reunión congregacional cuando dijo que una de las sugerencias de Vernon era "estúpida". A continuación, se describe cómo Vernon y John fueron reconciliados según el ciclo de reconciliación.

1. **Relación saludable:** Originalmente, Vernon y John tenían una relación saludable. Compartían cosas profundas,

eran fieles a sus promesas y experimentaban un espíritu de confianza.

2. **Ofensa:** Vernon ofendió a John al decirle que una de sus sugerencias era "estúpida". Una ofensa es una actitud, palabra o acto que lastima a otra persona. La ofensa quebró la confianza y la amistad entre Vernon y John hasta el punto en que ambos no se dirigían la palabra los domingos por la mañana.

3. **Negación:** En un principio, Vernon negó que hubiera hecho algo mal diciendo cosas como: "Fue en tono de broma"; "No quise hacer ningún daño"; "John es demasiado sensible". La negación es rehusarse a decir la verdad excusando, culpando o actuando como si nada hubiera pasado. Ofrece alivio pasajero al que cometió la ofensa, pero a la larga empeora la situación.

4. **Confrontación:** Yo confronté a Vernon con la necesidad de reconciliación y enfrenté a ambos hombres en un diálogo cara a cara. Prometí que la reunión se llevaría a cabo en un ambiente seguro y que al compartir no habría interrupciones ni refutaciones.

5. **Confesión:** En la reunión cara a cara, pedí primero a John, el anciano que recibió la ofensa, que compartiera de manera sincera y abierta sus sentimientos de vergüenza, dolor y enojo. Vernon, el presidente, debía escuchar sin refutar. Cuando John compartió, Vernon se dio cuenta de que el dolor de John era genuino. Con espíritu de arrepentimiento, se disculpó con John diciendo: "Me doy cuenta de que estuve mal, no solo por lo que dije, sino por cómo lo dije". La confesión es decir la verdad acerca de algo que se dijo o se hizo. A menudo, representa una bisagra en la resolución de conflictos.

6. **Perdón:** Vernon lo miró a John y le preguntó: "¿Me perdonas?". Después de una pausa, John extendió su mano y le dijo: "Te perdono". Ambos hombres se abrazaron y el domingo siguiente se los vio hablando en el vestíbulo. El perdón es una manera de lidiar con la ofensa. Requiere de una persona ofendida, como John, que absorba el dolor o la responsabilidad que en realidad el que ofende, como Vernon, deberá pagar. Al ofrecer el perdón, John se liberó del deseo de desquitarse o de actuar en venganza.

7. **Restitución:** En la siguiente reunión congregacional, Vernon, con el acuerdo de John, compartió con la congregación que había ofendido a John en la reunión anterior y que John había tenido la gracia de perdonarlo. La restitución es compensar o remendar el daño, la pérdida o el perjuicio. El objetivo de la restitución es que el que ofende manifieste su arrepentimiento en su intento de restaurar el objeto o la relación a su condición original. Lo que Vernon compartió con los demás restauró el respeto hacia John y lo afirmó como un hombre cuyo liderazgo espiritual de la congregación era admirable.

¿Qué otras modalidades existen para la resolución de conflictos?

Además de la regla de Cristo, los apóstoles practicaban otras modalidades para resolver conflictos. Por ejemplo, en Hechos 6, cuando no se estaban tomando en cuenta las necesidades de las viudas, los responsables estudiaron el problema desde todos los puntos de vista y propusieron una solución. En este caso, la comunidad entera participó en la selección de siete personas que supervisarían el programa de distribución de alimentos (ver Hechos 6.1-7). Con esto se resolvió el problema.

Más adelante, cuando hubo desacuerdo en cuanto a lo que debía esperarse de los convertidos provenientes del mundo de los gentiles, los responsables concurrieron al denominado Concilio de Jerusalén. Con la ayuda de las Escrituras, la tradición, el compartir experiencias y la presencia viva de Jesús, el concilio discernió lo que era esencial para llegar a ser un seguidor de Cristo. Decidieron ser firmes en lo básico y flexibles en lo que no era esencial (ver Hechos 15.1-29).

El apóstol Pablo encontró que los cristianos de Corinto estaban utilizando las cortes seculares para resolver sus conflictos. Preguntó: "¿Acaso no hay entre ustedes siquiera uno que sea sabio y que pueda servir de juez entre sus hermanos?" (1 Corintios 6.5). Aunque llevar un asunto a la corte pueda resolver un conflicto, muchos han visto que no restaura las relaciones.[4] Por esta razón, es mejor ayudar a las personas en conflicto a trabajar juntos para lograr soluciones en las que todos ganen. Esto les ofrece la posibilidad de colaborar al determinar y alcanzar metas compartidas. Las relaciones deben ser nutridas y fortalecidas a lo largo de cualquier proceso de reconciliación.

¿Cómo se responsabiliza a los miembros?

Agustín y Lutero creían que la verdadera iglesia era invisible para los humanos. Solo Dios podía determinar quién era un verdadero creyente. Sin embargo, los anabautistas creían que la observación de actitudes, palabras y acciones permitía discernir quiénes eran seguidores de Cristo y quiénes no. Ellos sostenían altos parámetros éticos para sus miembros y querían responsabilizarse unos a otros y en especial a sus líderes por sus promesas. Aquellos que no eran fieles a sus votos bautismales o a los parámetros de la iglesia eran disciplinados según la regla de Cristo.

Actualmente, en círculos anabautistas, se pide a los aspirantes al bautismo o a la transferencia de membresía que hagan promesas por las cuales serán responsables ante los demás. Las preguntas son similares a las siguientes:

- ¿Ha renunciado usted a los poderes malignos de Satanás y de este mundo y se ha vuelto a Jesucristo como su Señor y Salvador?

- ¿Desea usted ser recibido como un miembro de esta congregación sobre la base de su pacto congregacional?

- ¿Está usted dispuesto a dar y recibir consejo en el contexto de esta congregación?

- ¿Está preparado para participar de la misión de esta iglesia?

- *Algunas congregaciones también preguntan:* Si un hermano o hermana está necesitado/a, ¿están sus bienes disponibles para él o ella?[5]

La congregación hace luego un pacto con el nuevo miembro o los nuevos miembros a través de una declaración similar a la siguiente:

Al recibirlo ahora dentro de la comunidad de la iglesia, hacemos este pacto con usted a la vez que renovamos nuestro propio pacto con Dios: para llevar las cargas unos de otros, para asistir en momentos de necesidad, para compartir nuestros dones y bienes, para perdonar como Cristo nos perdonó, para apoyarnos en las alegrías y las penas, y para trabajar por el bien común en todas las cosas, manifestando así la presencia de Cristo entre nosotros para la gloria de Dios.[6]

En tiempos de los primeros anabautistas, la santa cena era un momento en que se responsabilizaba a los miembros por las promesas que habían hecho en el bautismo o al convertirse en miembros. Se hacía un culto previo aparte, en el cual se pedía que los miembros se examinaran respecto de su comunión con Dios y con los otros miembros. Aquellos que no estaban viviendo según sus promesas y que no modificaban sus costumbres recibían la atención pastoral, una admonición o ambas. En casos extremos, recibían la "prohibición", que significaba que se los excluía de la comunión con otros miembros hasta que asumieran un nuevo compromiso.

Desafortunadamente, al ayudar a los miembros a examinar su vida, los pastores y obispos solían emitir juicios. En *Anabautismo al desnudo*, Stuart Murray señala: "Hoy en día, los anabautistas, precavidos justamente debido a los abusos cometidos en esta área, a pesar de ello quieren alimentar y desarrollar iglesias en las que la mutua rendición de cuentas se comprenda, practique y valore. La mutua rendición de cuentas es un antídoto para el chismerío y las murmuraciones, una defensa contra el disenso y las divisiones y un recurso para el crecimiento espiritual . . . Cuando las relaciones se resienten, hay un proceso para llevar sanación y restauración".[7]

"La palabra 'disciplina' tiene la misma raíz que 'discipular', dice Marlin Jeschke, un defensor contemporáneo de la disciplina apropiada de la iglesia. "De la misma manera en que la evangelización busca hacer discípulos entre aquellos que no se han hecho cristianos llevándolos a la comunidad, la *disciplina* busca restaurar a la comunidad a aquellos que se han desviado."[8]

Recuerdo perfectamente cuando mi padre, miembro de la junta de la iglesia, visitó personalmente a un miembro relativamente nuevo llamado Ron. Este hombre había faltado tres veces consecutivas a la santa cena. Mi padre exploró las razones y trató de restaurarlo a la comunidad.

"El objetivo de toda disciplina saludable en la iglesia es permitir que las personas sean mejores discípulos de Cristo", dice Ervin Stutzman, director ejecutivo de la Iglesia Menonita de EE. UU. "Raras veces funciona la disciplina, salvo que la persona disciplinada esté buscando genuinamente ser mejor cristiano".[9]

¿Qué es esencial para el cristianismo anabautista?

Los primeros anabautistas consideraban a la iglesia como un singular grupo de creyentes comprometido que se habían reconciliado con Dios y entre sí. Buscaban responsabilizarse unos a otros por los compromisos que habían asumido con Dios y con los demás en el bautismo.

Los primeros anabautistas adoptaron la regla de Cristo como lineamiento básico de disciplina en la iglesia. Esto contrastaba con la iglesia prevaleciente, que utilizaba generalmente el castigo severo como modo de obligar a sus miembros desviados a cambiar. En sus mejores momentos, la santa cena ha producido experiencias alegres debido a que los participantes celebran y agradecen haber sido perdonados, no solo por Dios sino también por aquellos que participan de la experiencia de la santa cena.

Además de ayudar a los individuos a reconciliarse con Dios y entre sí, el ministerio de la reconciliación nos llama a la tarea de reconciliar a las personas en conflicto en el mundo. Este es el foco del próximo capítulo.

1. ¿Qué historia puede contarnos acerca de dos grupos o personas que estaban en conflicto y que ahora se han reconciliado? ¿Se usaron los pasos de la regla de Cristo o del ciclo de reconciliación?

2. Converse acerca de las siguientes actitudes de los creyentes en Cristo en cuanto a la reconciliación de los miembros entre sí.

Muchos cristianos enfatizan:	Los cristianos anabautistas enfatizan:
• En un conflicto, decidir quién tiene razón y quién está equivocado.	• Al abordar el conflicto, tratar de "pensar en la reconciliación".
• Castigar a los malhechores con la esperanza de que cambien.	• Ayudar a los malhechores a confesar claramente lo que se dijo o hizo.
• Promulgar leyes más severas y exigencias de cumplimiento más estrictas.	• Responsabilizar a los miembros por las promesas que hicieron.
• Invitar a todos a participar de la santa cena.	• Invitar a los participantes a examinar sus relaciones con Dios y con los demás.

3. ¿Cuál es el propósito de confrontar al que ofende? ¿Cuándo es importante hacerlo?

4. ¿Por qué la corte no suele lograr la restauración de una relación?

9

Los conflictos del mundo hallan reconciliación

Pues aunque vivimos en el mundo, no libramos batallas
como lo hace el mundo. Las armas con que luchamos
no son del mundo.
2 Corintios 10.3-4 NVI

MIENTRAS QUE MUCHOS CRISTIANOS CONSIDERAN EL CONS-
truir la paz como un agregado opcional al evangelio, los anabautistas consideran que está en el corazón del mismo. Jesús,
el príncipe de paz y el centro de nuestra fe, es la razón por la
que la reconciliación está en el centro de nuestra tarea. "Y por
medio de él reconciliar consigo todas las cosas, tanto las que
están en la tierra como las que están en los cielos, haciendo la
paz mediante la sangre de su cruz" (Colosenses 1.20).

Desde sus comienzos, los anabautistas se han caracterizado
por ser pacíficos y trabajar por la paz. "Somos una iglesia de paz
porque somos principalmente una iglesia de Jesucristo", dice
Bruxy Cavey, pastor de enseñanza de una iglesia con múltiples

sedes en Ontario. "Jesús nos guía por el camino de la paz. Nos importa la reconciliación porque a Jesús le importa la reconciliación. Nos importa la justicia porque nos importa Jesús".[1]

En este capítulo exploramos cómo Jesús, los primeros cristianos y los primeros anabautistas buscaban reconciliar el conflicto. Contrastaremos sus abordajes de la construcción de paz con los de aquellos que escogen la violencia. Prestaremos especial atención a cómo las personas contemporáneas de pensamiento anabautista están procurando construir la paz.

¿Cómo se relacionaba Jesús con el conflicto?

Los judíos habían esperado que su Mesías llegara como un líder revolucionario y violento que pondría las cosas en orden destruyendo a los malhechores y sus caminos de injusticia. Sin embargo, Jesús llegó como el príncipe de paz, diciendo: "Amen a sus enemigos, bendigan a los que los maldicen, hagan bien a los que los odian, y oren por quienes los persiguen, para que sean ustedes hijos de su Padre que está en los cielos" (Mateo 5.43-45a).

"Bienaventurados los pacificadores, porque ellos serán llamados hijos de Dios" (Mateo 5.9), dijo Jesús. Instruyó a sus seguidores: "No resistan al que es malo, sino que a cualquiera que te hiera en la mejilla derecha, preséntale también la otra; al que quiera provocarte a pleito para quitarte la túnica, déjale también la capa; y a cualquiera que te obligue a llevar carga por una milla, ve con él dos" (Mateo 5.39-41). Jesús introdujo la idea de que somos transformados en nuestras actitudes y acciones hacia el conflicto por la regeneración interior.

"La construcción cristiana de la paz debe equilibrar el énfasis en la iniciativa de Dios con un llamado a la respuesta humana", dice el líder menonita Ervin Stutzman. "Una paz como esta solo se logra mediante la acción divina de Dios al provocar la transformación en la vida humana y en las interacciones sociales".[2]

Jesús veía el reino de Dios como un reino de relaciones pacíficas que sería muy diferente a los reinos de este mundo. Cuando Pilato le preguntó si buscaba ser el "rey de los judíos", Jesús respondió: "Mi reino no es de este mundo. Si mi reino fuera de este mundo, mis servidores lucharían para que yo no fuera entregado a los judíos. Pero mi reino no es de aquí" (Juan 18.36).

Jesús manifestó una actitud especial de construcción de la paz durante su crucifixión y muerte. "Fue precisamente la cruz . . . el fracaso de Cristo en el mundo . . . lo que lo llevó a su éxito en la historia", observó Dietrich Bonhoeffer, un alemán defensor del discipulado.[3] Jesús expuso y venció al mal permitiendo su propia muerte en vez de matar. De esta manera, nos demostró una nueva forma de vencer al pecado y a los principados y poderes de aquellos que están bajo el control de Satanás. A través de su vida, muerte y resurrección, transformó el corazón de los seres humanos los empoderó para vivir como él lo había hecho.

El apóstol Pedro alentó a los nuevos creyentes a seguir el ejemplo de Jesús: "Cuando lo maldecían, no respondía con maldición; cuando sufría, no amenazaba" (1 Pedro 2.23a).

¿Cómo se relacionaban los primeros cristianos con el conflicto?

Jesús delegó a sus seguidores la tarea de reconciliar el conflicto. "Y todo esto proviene de Dios", dice Pablo en 2 Corintios 5.18, "quien nos reconcilió consigo mismo a través de Cristo y nos dio el ministerio de la reconciliación".

El apóstol Pablo siguió los pasos de Jesús con estas palabras: "No busquemos vengarnos, amados míos . . . si nuestro enemigo tiene hambre, démosle de comer; si tiene sed, démosle de beber. Si así lo hacemos, haremos que éste se avergüence de su conducta. No permitamos que nos venza el mal. Es mejor vencer al mal con el bien" (Romanos 12.19-21).

Uno de los mayores desafíos que enfrentaron Pablo y la iglesia primitiva fue reconciliar a los judíos y los gentiles. Estos dos grupos estaban en serio conflicto, pero cuando miembros de ambos grupos se reconciliaron en Cristo, también establecieron la paz entre sí. Los primeros cristianos podían hablar triunfalmente de sus iglesias: "Ya no hay judío ni griego, esclavo ni libre, hombre ni mujer, sino que todos ustedes son uno solo en Cristo Jesús" (Gálatas 3.28 NVI).

A pesar de las guerras y los rumores de guerras, los primeros cristianos estaban comprometidos con la paz. Hasta donde sabemos, ningún seguidor de Jesús participó de combates militares durante los primeros doscientos años de la historia de la iglesia. Parece que, en vez del conflicto armado, la reconciliación era el centro de su tarea.

Pero hubo cambios cuando la iglesia y el Estado se combinaron. Los emperadores, que eran guerreros, pronto esperaron que los cristianos lucharan contra el mal, como todos los demás. Poco más de un siglo después, en 416 e. c., solo permitían que las personas de tradición cristiana participaran del ejército.[4]

Agustín intentó encontrar una manera de justificar la participación de los cristianos en el conflicto violento desarrollando una serie de lineamientos que ahora se denominan la teoría de la guerra justa. Actualmente, muchos cristianos creen que, si se respetaran cuidadosamente las exigencias morales de la teoría de la guerra justa, habría muy pocas guerras o ninguna. Sin embargo, desde sus comienzos, los anabautistas señalaron una gran cantidad de problemas que surgían con esta teoría. Por ejemplo:

- Aunque la teoría declara que "la guerra debe tener una causa justa o debida", inevitablemente, ambos lados perciben que su lado es justo.

- La teoría supone que el mal puede ser vencido con la violencia, pero la historia comprueba que la violencia lleva a más violencia. La violencia debe ser vencida con la *no* violencia.

- La teoría afirma que la guerra se justifica si es el último recurso. Sin embargo, la investigación indica que siempre ha habido alternativas a la guerra.[5] Aquellos que evitan la guerra deberían recibir los mayores honores.

Stuart Murray señala que las iglesias que adoptan la teoría de la guerra justa suelen celebrar además los esfuerzos combativos de sus Gobiernos: "Durante muchos siglos, las iglesias han autorizado la violencia letal, han bendecido las armas de guerra, han orado por el éxito militar, han celebrado las victorias en actos de adoración y han desplegado misioneros bajo la protección de los ejércitos conquistadores".[6]

Los anabautistas creen que los cristianos deben decirle "¡No!" con firmeza a la participación en la violencia y la guerra. Aunque la violencia tiene sentido según la lógica del mundo, los cristianos pertenecen a Cristo, quien nos transforma y nos llama claramente a vivir de otra manera. Jesús fue claro: las personas que lo siguen no deben matar ni destruir. ¡Las personas transformadas no hacen tales cosas!

¿Cómo se relacionaban los primeros anabautistas con el conflicto?

Desde el comienzo, los creyentes anabautistas tomaron una postura frente a la violencia. Como los primeros discípulos, la mayoría de los primeros anabautistas se rehusaron a unirse al ejército, aunque los turcos musulmanes estaban intentando invadir Europa y estaban a las puertas de Viena. Los anabautistas estaban convencidos de que los creyentes no debían "tomar la espada" ni infligir sufrimiento a otros. Era preferible soportar el sufrimiento antes que infligirlo o tomar la vida de un perseguidor.

Lamentablemente, había un grupo de anabautistas radicales que no estaban comprometidos con la no violencia. En 1534, estos extremistas tomaron injusta y violentamente la ciudad de Münster. En su intento de gobernar, utilizaron la violencia e introdujeron un sistema de dominación. La Rebelión de Münster, como se denominó más adelante, perduró hasta junio de 1535, cuando la ciudad fue reconquistada por las autoridades gobernantes anteriores. La acción de estos extremistas les dio a los menonitas una mala reputación que en algunos círculos ha persistido hasta hoy.

Para el año 1540, los creyentes anabautistas habían llegado a un amplio consenso de que los cristianos nacidos de nuevo y rebautizados debían rehusarse a participar de la violencia.[7] Los anabautistas creían que debían hacer lo que Jesús haría en su situación. Esto contrastaba fuertemente con Agustín, Martín Lutero y otros que creían que los cristianos debían ser obedientes al Gobierno cuando este los convocaba para la guerra.

Durante la Revolución estadounidense y la guerra civil, muchos anabautistas pagaron un impuesto adicional al Gobierno o encontraron otras maneras de ser eximidos del servicio militar. En los siglos XIX y XX, muchos objetores de conciencia abandonaron Rusia y otras tierras europeas para reasentarse en países de América del Norte o del Sur, donde les prometieron alternativas al servicio militar.

Durante la primera guerra mundial, los objetores de conciencia de América del Norte fueron ridiculizados y encarcelados por negarse a ingresar al servicio armado. Algunas de sus iglesias fueron quemadas, y varios objetores de conciencia murieron torturados. Durante las guerras siguientes, se llegaron a acuerdos que les permitieron a los objetores de conciencia escoger el servicio alternativo.

¿Cómo se relacionan con el conflicto diversos grupos de personas?

En la actualidad, las personas buscan vencer o derrotar a aquellos con quienes tienen un conflicto de al menos cinco maneras, descriptas en el gráfico de la página XX. Queda en evidencia que las personas ven el mal de manera distinta y por lo tanto buscan vencerlo de maneras contrastantes. Las formas de vencer el conflicto podrían describirse del siguiente modo:

*Los **terroristas*** consideran que los líderes o valores de un sistema prevaleciente o invasor son malvados o injustos. Desde su punto de vista, el sistema dominante está "caído". Debido a que los líderes de este sistema no están dispuestos a entregar voluntariamente sus valores o poder, los terroristas utilizan la violencia para derrotarlos. Guiados por extremistas, buscan derrocar el sistema actual mediante la revolución violenta. Podrían decir: "Algunas personas deben morir".

*Los **militaristas*** consideran que las acciones violentas y revolucionarias de los terroristas y criminales son malvadas. Bajo la dirección de oficiales entrenados, buscan derrotar o vencer su violencia con mayor violencia. Lamentablemente, a menudo carecen de una comprensión más profunda de los puntos de vista y valores del enemigo. El entrenamiento básico para el combate es generalmente el anticristo.[8] Tradicionalmente, los anabautistas han dicho que un Gobierno secular quizás deba utilizar la violencia para vencer al mal, pero que los cristianos no deben involucrarse. Creen que la violencia y aun la contraviolencia conducen a menudo a más violencia.

Los *pacifistas* le dicen claramente que no a la violencia y a quitar vidas humanas. Los anabautistas han sido conocidos históricamente por retirarse del conflicto. Esto incluye la participación en operaciones militares o de un Gobierno secular. Para muchos anabautistas, el pacifismo es demasiado pasivo. Muchos han pasado de la no resistencia estricta a la acción no violenta en contra del mal.

Los **constructores de la paz** le dicen no a la guerra y a la violencia, pero dan un paso más. Buscan corregir activamente la injusticia y eliminar las causas de la violencia. Su objetivo es promover la revolución pacífica al abordar las desigualdades, manifestar compasión e implementar programas de justicia restauradora que transformen a los enemigos en amigos.

Los **guerreros espirituales** ponen su confianza en la justicia y el poder de Dios para vencer los poderes del mal. A través de prácticas como la oración, el ayuno, el exorcismo y la imposición de manos, confían en que la gracia y el poder de Dios cambiarán el corazón y las actitudes de las personas que están causando el conflicto.

Los líderes anabautistas se han convencido de que debemos ser constructores de la paz. Debemos combatir el mal tan vigorosamente —o aún más vigorosamente— que cualquiera, pero debemos luchar de manera *distinta*. Con el apóstol Pablo decimos: "[P]ues aunque vivimos en el mundo, no libramos batallas como lo hace el mundo. Las armas con que luchamos no son del mundo, sino que tienen el poder divino para derribar fortalezas" (2 Corintios 10.3-4 NVI).

Cómo las personas se relacionan con el conflicto

	Terroristas	Militaristas	Pacifistas	Constructores de la paz	Guerreros espirituales
El mal definido	Amenazas a sus valores	Actos destructivos de terroristas	Complejos militares industriales	Líderes y sistemas injustos y egoístas	Principados y poderes, Satanás
Sus líderes	Extremistas	Generales	Conciencia	Líderes siervos	Guerreros espirituales
Su estrategia	Revolución violenta	Derrotar al enemigo	Evidenciar, protestar injusticia y violencia	Vencer el mal con el bien	Orar, exorcizar demonios, imponer las manos
Su lema	"Algunas personas deben morir".	"Preservar el *statu quo*".	"La violencia crea más violencia".	"Ama a tu enemigo".	"Quédense quietos. Dios peleará la batalla".

A continuación, se presentan tres maneras principales en que los anabautistas están buscando vencer el mal y el conflicto que ocasiona. Estas son la *acción no violenta*, la *justicia restauradora* y el *servicio alternativo*.

¿Cómo se reconcilia el conflicto mediante la acción no violenta?

Jesús practicó la acción no violenta cuando guió a miles de sus seguidores en la entrada a Jerusalén montado en un burro en vez de en un caballo blanco. El burro era considerado un animal de servicio, a diferencia del caballo blanco, asociado con el poder militar (ver Mateo 21.1-11). Jesús no inició el conflicto.

Los primeros cristianos y los primeros anabautistas vivieron su fe aun cuando fueron perseguidos, obligados a abandonar sus hogares y aun asesinados. Siguieron viviendo de manera no violenta aun ante la posibilidad de que los quemaran en la hoguera. Escogieron sufrir en lugar de causarles sufrimiento a otros. Cuando las personas observaron el carácter de estos creyentes, su sólido testimonio de no violencia se convirtió en la semilla de la iglesia. A pesar de la persecución, la iglesia creció rápidamente.

Ronald J. Sider, fundador y presidente emérito de Evangélicos por la Acción Social, señala: "La revolución no violenta de Mahatma Gandhi derrotó al imperio británico y . . . la cruzada pacífica de Martin Luther King Jr. por los derechos civiles cambi[ó] el curso de la historia estadounidense. Ha habido numerosas instancias de victorias no violentas sobre la dictadura y la opresión en los últimos cien años. Estudios recientes han demostrado que las revoluciones no violentas contra la injusticia y las dictaduras son en realidad más eficaces que las campañas violentas".[9]

La acción no violenta recurre a una variedad de métodos

o estrategias. Gene Sharp, actualmente el principal erudito de la no violencia, describe 198 tácticas de acción no violenta.[10] Estas incluyen la persuasión simbólica mediante la no cooperación política, social y económica, incluyendo boicots y huelgas y otras intervenciones no violentas pero más agresivas.

"La acción no violenta no es igual a la no resistencia pasiva", aclara Sider. "La coerción no es necesariamente violenta. La coerción no letal, como un boicot o una marcha pacífica que respeta la integridad y humanidad del 'oponente' no es inmoral. Busca a la vez terminar con la opresión y reconciliar al opresor mediante métodos no violentos".[11]

Un pequeño pero prominente ejemplo de acción no violenta es el movimiento de Equipos Cristianos de Acción por la Paz (ECAP). Este movimiento ha acudido a sitios de alta tensión como Irak, Irlanda, Palestina y Colombia para mediar entre los grupos en conflicto. Al hacerlo, previenen la violencia y construyen puentes para la paz. En la actualidad, el movimiento cuenta con aproximadamente treinta activistas en varias ubicaciones y más de 150 reservistas entrenados que están disponibles ante el surgimiento de una necesidad crucial.[12]

En Colombia, una compañía denominada Daabon les había confiscado tierras a pequeños agricultores para cultivar aceite de palma, el cual es utilizado por Body Shop, una compañía que se promociona a sí misma como ética y respetuosa de la ecología. Después de un año y medio de presión no violenta por parte de los miembros del Equipo Cristiano de Acción por la Paz, incluyendo acciones no violentas directas en negocios, una campaña de cartas y un boicot económico, Body Shop canceló su contrato, la compañía Daabon se retiró y les devolvieron las tierras a los agricultores.[13]

¿Cómo se reconcilia el conflicto mediante la justicia restauradora?

La justicia restauradora tiene como objetivo reestablecer el orden en el mundo para que pueda haber paz. El papa Juan Pablo VI enfatizó este modo de trabajar por la paz cuando proclamó: "Si quieren trabajar por la paz, ¡trabajen por la justicia!".[14]

El Programa de Reconciliación Víctima-Ofensor (*Victim-Offender Reconciliation Program*, VORP, por sus siglas en ingles), iniciado por menonitas de Norteamérica, es un ejemplo de procurar resolver el conflicto a través de la justicia restauradora. A modo de ejemplo del proceso de VORP, podemos relatar la historia de un joven que llamaremos Rick. Rick fue arrestado por robarle el auto a Scott. El juez quería evitar que Rick, golpeado por la pobreza, se involucrara en más delitos en el futuro, de manera que le asignó el caso al Programa de Reconciliación Víctima-Ofensor local. Un voluntario de VORP habló primero en privado con Rick y luego con Scott, invitándolos a buscar una resolución al conflicto con un encuentro cara a cara, donde pudieran conversar sobre los detalles del conflicto y cómo resolverlos. Se encontraron cara a cara en una misma mesa, y el voluntario de VORP le pidió a Rick, el ofensor, que compartiera en detalle y sin interrupciones cuándo, cómo y por qué le había robado el auto a Scott y qué había hecho con él. Luego, el voluntario le pidió a Scott, la víctima, que compartiera con Rick sus sentimientos de desconcierto, ira, frustración y la pérdida que él y su familia habían experimentado como consecuencia del delito.

Rick respondió al dolor de Scott con una disculpa y con un deseo de reparación. El voluntario de VORP ayudó a Rick y Scott a explorar caminos que condujeran a la justicia, lo cual resultó en que Rick aceptara pagar por los kilómetros que había manejado el auto de Scott, cumpliera cuarenta horas de servicio comunitario y asistiera a una serie de clases de planificación financiera. El voluntario de VORP presentó ante el juez un informe del diálogo y las condiciones de reconciliación acordadas. El juez del caso decidió que dichas condiciones harían justicia. Asignó un oficial de libertad condicional que supervisara la situación cada dos semanas para asegurarse de que los acuerdos entre Rick y Scott se estuvieran cumpliendo. De lo contrario, se daría inicio a la sentencia de un año de encarcelamiento para Rick.

El sistema educativo de una escuela que utilizó la justicia restauradora en lugar del castigo punitivo disminuyó las suspensiones en un 40 por ciento. Más del 88 por ciento de los profesores involucrados dijeron que las prácticas de justicia restauradora resultaron de mucha o bastante ayuda en el manejo del comportamiento difícil.[15] Otra investigación confirmó que la utilización de un modelo de justicia restauradora con jóvenes que tuvieron problemas en la escuela ha tenido un impacto significativo en la conducta, el índice de egresados y el ausentismo.

¿Cómo se reconcilia el conflicto mediante el servicio alternativo?

En diversos momentos y lugares, los menonitas han negociado acuerdos con los Gobiernos que permitieron a los objetores de conciencia realizar servicios alternativos que contribuyeran al bienestar de la nación. Esto sucedió en Estados Unidos y Canadá durante la segunda guerra mundial. El servicio alternativo es una manera de trabajar por la paz o en emprendimientos pacíficos cuando a otros se les exige ir a la guerra.

Durante la segunda guerra mundial, 34,5 millones de hombres de Estados Unidos se inscribieron para el reclutamiento.

De ellos, 72.354 presentaron sus solicitudes como objetores de conciencia. De estos, aproximadamente 25.000 sirvieron en puestos de no combate; 27.000 no pasaron el examen médico y fueron eximidos; más de 6.000 rechazaron completamente el reclutamiento y prefirieron ir a la cárcel antes que servir a los esfuerzos militares; y 12.000 escogieron realizar servicios alternativos. 10.000 de estos provenían de trasfondos menonitas, cuáqueros y de los Hermanos. Bajo la supervisión del programa de Servicio Público Civil, sirvieron de diferentes maneras en hospitales, parques nacionales, bosques, granjas y minas. Estos servicios beneficiaron al país sin violar las creencias básicas de los participantes acerca de tomar la vida de otro ser humano.[16]

El servicio alternativo a las fuerzas armadas condujo a una variedad de programas y servicios que continúan aliviando el sufrimiento y trabajan por la justicia. Por ejemplo, durante las primeras etapas de la guerra de Vietnam, como ciudadano estadounidense, fui convocado a servir a mi país y me clasificaron como I-A, lo cual significaba que estaba disponible para el servicio en combate. Debido a mis compromisos con Cristo, apelé al Gobierno y me reubicaron con una clasificación de I-O, lo cual me concedía la oportunidad de servir a mi país y a mi Dios como director de una clínica ambulante en Taiwán. El equipo estaba compuesto por un médico, un dentista, una enfermera y un evangelista. En los viajes que hacíamos de aldea en aldea ofreciendo cuidados básicos de salud, hicimos miles de amigos. Cuando un instructor militar de alto rango oyó mi historia, sacudió la cabeza y dijo: "Estamos perdiendo la guerra en Vietnam porque no podemos ganarnos la amistad de los aldeanos. ¡Ustedes, los OC [objetores de conciencia] podrían ganarla mejor que nosotros!".[17] Estas experiencias me ayudaron a mí y a otros a creer que, al comprometernos a seguir a Jesús y sus caminos, podemos hacer tanto o más por la paz que si sirviéramos en el ejército.

Más recientemente, otros países también han desarrollado opciones de servicio nacional como alternativas al servicio militar. Lamentablemente, muchos países no lo han logrado. Los objetores de conciencia anabautistas en Corea y Colombia han sido encarcelados por rehusarse a realizar el servicio militar.

Iglesias anabautistas de todo el mundo han establecido más de sesenta programas de servicio y redes que buscan aliviar el sufrimiento y llevar justicia. Entre ellos se encuentran la Asociación de Socorro y Desarrollo de la Iglesia Meserete Kristos, el Centro Passion de Malaui para Niños, la Comunidad de Servicio Cristiano Menonita de la India y el Comité de Desarrollo Social de Honduras.[18]

Algunos ejemplos de programas que surgieron a partir del servicio alternativo son:

- **Servicios Menonitas de Salud (MHS, por sus siglas en inglés):** Cuando los objetores de conciencia vieron el trato deplorable que recibían los enfermos mentales en los lugares donde servían, decidieron establecer una serie de centros de salud mental fundados en los valores cristianos de amor y compasión. Los mismos han sido de interés nacional.

- **Pax:** El Comité Central Menonita administró el programa PAX (en latín, *paz*), que permitió que más de doce mil objetores de conciencia sirvieran en Alemania, Austria, Argelia y cuarenta países más. Construyeron hogares para refugiados y calles, realizaron trabajos de mejora agrícola y brindaron una variedad de otros servicios. Pax fue un prototipo que influyó en la formación del programa Cuerpo de Paz de EE. UU.

- **Programa de Maestros en el Exterior:** Entre 1962 y mediados de la década de 1980, más de mil maestros fueron a diez países de África, Jamaica y Bolivia para enseñar en escuelas locales. Más tarde, surgieron muchos líderes de las escuelas donde aquellos habían enseñado. El programa TAP (por sus siglas en inglés) fue el precursor de muchos otros emprendimientos educativos tanto en Norteamérica como en el mundo.

- **Servicios Menonitas de Conciliación (MCS, por sus siglas en inglés):** Se formó para dar testimonio contra las fuerzas que contribuyen a la pobreza, la injusticia y la violencia. Facilitó la creación de muchos centros de paz, como el Programa de Transformación del Conflicto de Eastern Mennonite University, el Centro Menonita de Paz de Lombard, Illinois, y la Red de Paz y Justicia de la Iglesia Menonita de EE. UU. Las oficinas nacionales de paz del Comité Central Menonita en Washington, D. C. y en Ottawa, Ontario, han adoptado el trabajo de MCS.

- **Comité Central Menonita:** El CCM comenzó como respuesta a la inanición de las familias menonitas en Ucrania. Se ha hecho conocido en todo el mundo por su trabajo de ayuda, desarrollo y paz "en el nombre de Cristo". Sirve con muchos asociados para aliviar la pobreza y la injusticia que, si no se controla, podría derivar en conflictos y guerras.

"Como embajadores, no venimos con un espíritu de poder y triunfalismo", escribe Laura Kalmer, exdirectora asociada de comunicaciones del Comité Central Menonita de Canadá, refiriéndose a los trabajadores de servicio alternativo. "Procuramos venir con humildad y debilidad como seres humanos falibles. Portamos la imagen de Dios en vasijas imperfectas — nuestras palabras fallan, nuestras acciones son insuficientes y nuestro conocimiento es incompleto. Sin embargo, entre las rendijas y las imperfecciones, la luz de Dios llega a brillar sobre un mundo oscuro".[19]

En la actualidad, sin reclutamiento en Estados Unidos y Canadá, cada vez menos individuos están haciendo servicio del tipo alternativo. A muchos anabautistas les preocupa que la postura por la paz esté deteriorándose.

¿Qué es esencial para el cristianismo anabautista?

Los cristianos anabautistas, basados en las Escrituras y el ejemplo de Jesús, le dicen claramente ¡no! a la violencia. Debemos superar el conflicto quitando la injusticia y mostrando amor. Al tratar a los enemigos con el espíritu de Jesús, buscamos convertirlos en amigos. Esto contrasta con aquellos que buscan resolver el conflicto por medio de la violencia.

En su Gran Comisión, Jesús nos encargó enseñarles a los nuevos creyentes "todas las cosas que les he mandado" (Mateo 28.20). Los mandatos de Cristo incluyen enseñar los caminos de la paz. Enseñar la no violencia y la paz deberían ser parte de toda clase de discipulado y membresía. Debemos confiar a las universidades y seminarios anabautistas la formación de programas de estudios sobre la paz y el conflicto.

La reconciliación del conflicto es un trabajo arduo. Abstenerse de involucrarse en la violencia puede exigir que perdamos nuestra reputación, bienes o hasta nuestra vida —como les ocurrió a Jesús, los primeros cristianos y los primeros anabautistas. Sin embargo, no hay alegría mayor que vivir una vida reconciliada y acercar a otros en relaciones sinceras y reconciliadas.

¿De dónde viene el poder para vivir una vida de discipulado y paz como la que se describe en los primeros nueve capítulos? Este es el tema del capítulo 10.

Preguntas para reflexionar y conversar

1. ¿Cuál ha sido su experiencia y la de su familia en relación con la guerra?

2. Converse sobre las siguientes perspectivas referidas a la teoría de guerra justa y la construcción cristiana de la paz.

Los defensores de la guerra justa enfatizan:	Los cristianos que trabajan por la paz enfatizan:
• Las autoridades apropiadas tal vez necesiten declarar la guerra.	• Las autoridades seculares tal vez necesiten declarar la guerra, pero los cristianos no deben participar de ella.
• El mal puede ser vencido con la violencia redentora.	• La violencia conduce a más violencia.
• La guerra se justifica cuando es el último recurso.	• Siempre ha habido alternativas a la guerra.
• Los Gobiernos son responsables cuando toman la vida de los enemigos.	• Cada persona es responsable de sus propias acciones.

3. ¿Qué pasos podría dar usted para trabajar por más paz, justicia y reconciliación en su comunidad?

Conclusiones

10

El trabajo del Espíritu Santo es esencial

*Cuando venga sobre ustedes el Espíritu Santo recibirán
poder, y serán mis testigos en Jerusalén, en Judea, en
Samaria, y hasta lo último de la tierra.*
Hechos 1.8

¿QUIÉN O QUÉ LE DIO A LOS PRIMEROS ANABAUTISTAS UNA NUEVA visión para la iglesia? ¿Qué los movilizó a comenzar a bautizar ante la declaración de fe? ¿De dónde recibieron el coraje y fortaleza para enfrentar la oposición y soportar la severa persecución?

Aunque los primeros cristianos anabautistas introdujeron muchos puntos de vista organizativos y teológicos particulares, muchos historiadores y eruditos no han tenido en cuenta el hecho de que quizás el aspecto más esencial del movimiento anabautista fue su énfasis en el Espíritu Santo. J. B. Toews, líder de los Hermanos menonitas, dijo una vez: "La teología correcta, aun la teología anabautista, sin el conocimiento vivencial de Cristo a través del Espíritu Santo, deja a la iglesia impotente".[1]

En el capítulo 7, exploramos cómo el trabajo del Espíritu Santo transforma los pensamientos, las emociones y las acciones de aquellos que abren su vida a la gracia de Dios. En este capítulo profundizaremos aún más el trabajo del Espíritu Santo en la vida y el ministerio de Jesús, los apóstoles, los primeros anabautistas y en muchas iglesias de la actualidad.

El Espíritu Santo puede verse como el eje central de nuestra comprensión de Jesús, de la comunidad y de la reconciliación, tal como se representa en el gráfico.

El lugar del Espíritu Santo

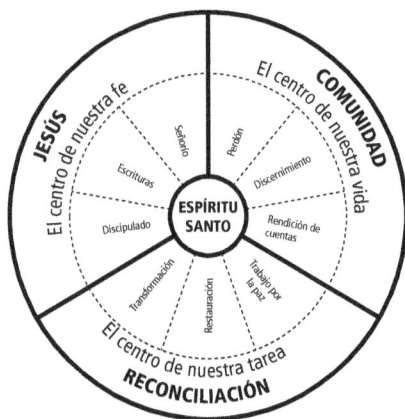

Hay un denominador común entre lo que sucedió en y a través de la vida y el ministerio de Jesús, la iglesia primitiva, el movimiento anabautista y lo que está ocurriendo en muchas iglesias hoy en día. Ese común denominador es la presencia transformadora y el trabajo transformador del Espíritu Santo.

¿Qué es esencial para una comprensión de Jesús?

Durante siglos, las personas se han preguntado cómo podía Jesús ser a la vez humano y divino. Una comprensión clave es que, aunque Jesús fue plenamente humano, también estaba lleno del Espíritu de Dios. Conocemos a una persona por su espíritu. Las Escrituras, especialmente el Evangelio de Lucas, enfatizan reiteradamente la relación entre Jesús y el Espíritu Santo. Preste atención a los siguientes pasajes (las cursivas son mías):

Mientras Jesús oraba, el cielo se abrió y el *Espíritu Santo* descendió sobre él en forma de paloma. (Lucas 3.21-22)

Jesús . . . lleno del *Espíritu Santo*, y fue llevado por el Espíritu al desierto. Allí estuvo cuarenta días, y el diablo lo estuvo poniendo a prueba. (Lucas 4.1-2)

Con el poder del *Espíritu*, Jesús volvió a Galilea. (Lucas 4.14)

Le dieron el rollo del profeta Isaías. Jesús lo desenrolló y encontró el lugar donde está escrito lo siguiente: "El *Espíritu* del Señor está sobre mí, porque me ha ungido para llevar la Buena Noticia a los pobres. Me ha enviado a proclamar que los cautivos serán liberados, que los ciegos verán, que los oprimidos serán puestos en libertad, y que ha llegado el tiempo del favor del Señor". (Lucas 4.17-19 NTV)

Entonces Jesús exclamó con fuerza: "¡Padre, en tus manos encomiendo mi espíritu!". Y al decir esto, expiró. (Lucas 23.46 NVI)

Los Evangelios hacen referencia veinticuatro veces al asombro de las personas por la presencia y el poder de Dios que se evidenciaban en Jesús. En Lucas 5.26 (NTV) dice: "El asombro se apoderó de todos, y quedaron pasmados. Y alababan a Dios exclamando: '¡Hoy hemos visto cosas maravillosas!'".

¿Qué es esencial para un ministerio eficaz?

En Pentecostés, el mismo Espíritu que estaba en Jesús descendió sobre los apóstoles. En sus ministerios, hicieron exactamente lo que Jesús había estado haciendo. Proclamaron las buenas nuevas a los pobres. Sanaron a los enfermos y liberaron a las personas cautivas. La gente respondió a ellos con el mismo tipo de asombro con el habían respondido a Jesús. Por lo que Dios hizo a través de los apóstoles, Lucas dijo: "Todos estaban asombrados" (Hechos 2.43).

Los anabautistas también se interesaron en la presencia y la obra de Espíritu Santo. El historiador Peter Klassen observa que a lo largo del primer movimiento anabautista "había una profunda convicción de que el Espíritu Santo estaba en el centro de la experiencia cristiana. La obra del Espíritu Santo permitió a los seguidores de Cristo elevarse por encima del legalismo hacia la vida transformadora de la obediencia gozosa".[2]

El movimiento anabautista podría llamarse con justicia el movimiento carismático o del Espíritu Santo del siglo XVI.[3] En este movimiento, la transformación o salvación comenzaba con la confesión individual del pecado y el deseo de recibir al Espíritu Santo. Los creyentes transformados se enfocaban en la experiencia. Adonde iban, compartían sus experiencias de lo que Dios estaba haciendo en su vida y ministerios. Quizás algunos se sobrepasaron. A menudo, predicaban basándose en Marcos 16.17-18, donde dice: "Estas señales acompañarán a los que crean: En mi nombre expulsarán demonios, hablarán nuevas lenguas, tomarán en sus manos serpientes, y si beben algo venenoso, no les hará daño. Además, pondrán sus manos sobre los enfermos, y éstos sanarán".

El movimiento anabautista llegó en medio del racionalismo que arrasaba Europa. Era un tiempo en que se priorizaba a la razón por sobre la revelación. Los intelectuales y las personas de influencia creían que todo debía ser razonado de maneras lógicas. Entre los reformadores principales, la creencia razonada era de suma importancia; la herejía (creencia equivocada) debía ser castigada con la muerte. En medio de esta mentalidad, el fuerte énfasis de los primeros anabautistas en el Espíritu Santo era muy llamativo. Menno Simons dijo: "Es el Espíritu Santo quien nos libera del pecado, nos da la valentía y nos hace alegres, pacíficos, piadosos y santos".[4]

No era solo su singular teología de la iglesia y su fuerte compromiso con la paz lo que hacía que los anabautistas fuesen percibidos de manera diferente. Los anabautistas ponían al Espíritu Santo en un lugar de mucha más importancia que Martín Lutero, Ulrico Zuinglio, Juan Calvino y otros. Las personas notaban que había una marcada diferencia en cómo los anabautistas transformados vivían sus vidas. Llegaron a ser conocidos como personas que vivían lo que creían, aunque eso significara la persecución y la muerte. El orgullo se convirtió en humildad, la mentira en honestidad, el odio en amor y el temor en valentía.

Los primeros anabautistas creían que el Espíritu Santo es el agente que le da un nuevo comienzo a la vida de las personas. "Era la llegada del Espíritu Santo a su experiencia la que marcaba la diferencia", observa Walter Klassen. "Para ellos, lo importante era cómo el Espíritu Santo obraba en la vida de un creyente y la iglesia".[5]

¿Cómo se recibe el Espíritu Santo?

¿Qué podríamos aprender de los primeros anabautistas? ¿Qué pasos tomaron para recibir al Espíritu Santo?

Parece que recibir a Jesús como Señor y Salvador y recibir al Espíritu Santo tenían mucho en común. En muchos casos podría haber sido la misma experiencia o proceso. Comenzaba con el deseo de la presencia de Dios. Jesús prometió a sus seguidores que, si los pedían, el deseo se cumpliría. Dijo: "Pues si ustedes, que son malos, saben dar cosas buenas a sus hijos, ¡cuánto más el Padre celestial dará el Espíritu Santo a quienes se lo pidan!" (Lucas 11.13). Como Jesús y los apóstoles, su primer paso fue la oración. La experiencia de Pentecostés original ocurrió después de cuarenta días de oración.

Los relatos de aquellas primeras épocas nos cuentan que se prestaba atención considerable al arrepentimiento por el pecado del que se tenía conciencia, tanto en la iglesia primitiva como en el movimiento anabautista. El apóstol Pedro explicó esta condición a la multitud en Pentecostés cuando dijo: "Arrepiéntanse, y bautícense todos ustedes en el nombre de Jesucristo, para que sus pecados les sean perdonados. Entonces recibirán el don del Espíritu Santo" (Hechos 2.38).

La purificación interior se combinaba con una apertura y un ansia de recibir el Espíritu Santo en sus vidas. Recibir al Espíritu Santo era igual a recibir la presencia viva de Jesús en su realidad interior. "Existe una demanda de un trabajo interior", dice Richard A. Foster en *Celebración de la disciplina*, "y solo Dios puede obrar desde adentro. No podemos conseguir o merecer el reino de Dios. Es una gracia concedida".[6]

¿Qué podríamos aprender del Sur global?

Durante los primeros setenta y cinco años del siglo XX, la mayoría de las denominaciones —incluyendo a los menonitas, los

Hermanos menonitas, los Hermanos en Cristo y otros grupos anabautistas— enviaron a miles de misioneros a los confines de la tierra. Se establecieron escuelas y hospitales para mostrar el amor de Cristo. Al traducir la Biblia a numerosos idiomas y enseñarla lo más claro posible, los misioneros anabautistas construyeron bases sólidas.

La globalización de la fe cristiana comenzó a través del movimiento misionero y ha continuado. Ahora hay cristianos anabautistas en más de ochenta países del mundo. En 1978, dos terceras partes de todos los anabautistas estaban en Norteamérica y Europa; el tercio restante residía en otros lugares. Hoy en día, dichas proporciones se han invertido: dos tercios de los anabautistas residen en el Sur global. El número de creyentes anabautistas en Asia se incrementó de 75.000 en 1978 a 430.000 en 2015. En África se experimentaron incrementos aún mayores, de 85.000 a 740.000. El número de creyentes en Latinoamérica también ha crecido exponencialmente.[7]

La era de los misioneros podría verse como un período de instrucción similar al que recibieron los discípulos de Jesús. Si bien los misioneros construyeron bases sólidas a través de la enseñanza y el trabajo de servicio fiel y guiado por el Espíritu, algo inusual y adicional sucedió cuando el Espíritu Santo descendió sobre ellos. Jesús les había dicho a los apóstoles que esperaran a que el Espíritu viniera de una nueva manera. El Espíritu Santo los llenaría de poder y ellos se convertirían en testigos eficaces: "serán mis testigos en Jerusalén, en Judea, en Samaria, y hasta lo último de la tierra" (Hechos 1.8). Aquello sucedió como Jesús dijo. El crecimiento rápido ocurrió después de la partida de Jesús. El crecimiento fenomenal del anabautismo también ocurrió después de que la mayoría de los misioneros regresaron a sus hogares durante las décadas de 1970 y 1980.

La apertura al Espíritu Santo les ha dado nuevo poder y

eficacia a aquellos que a través de los misioneros llenos del Espíritu llegaron a una relación básica con Cristo. Los obreros nacionales pueden decir ahora con Jesús: "El *Espíritu del Señor* está sobre mí, porque me ha ungido para llevar la Buena Noticia a los pobres. Me ha enviado a proclamar que los cautivos serán liberados, que los ciegos verán, que los oprimidos serán puestos en libertad, y que ha llegado el tiempo del favor del Señor" (Lucas 4.18-19 NTV, énfasis del autor).

Muchos pastores anabautistas del Sur global tienen un fuerte deseo de la presencia y la obra del Espíritu Santo. Pasan dos o tres horas —a veces cinco o más— en oración para preparar una predicación. Los solistas, miembros del coro y líderes de alabanza pueden llegar a hacer lo mismo.

El énfasis en el Espíritu Santo no reemplaza a la enseñanza de las Escrituras. La enseñanza aún es central para los creyentes del Sur global llenos del Espíritu. Cuando pregunté en qué sentido las congregaciones de la Iglesia Meserete Kristos (MKC, por sus siglas en inglés) son diferentes a los de otras iglesias evangélicas, un pastor etíope me dijo: "¡Somos la iglesia que enseña!".

La obra transformadora del Espíritu Santo también se hace visible en actos de servicio. Además de setecientas iglesias, MKC cuenta con ministerios y congregaciones en cuarenta prisiones. A través de estos ministerios, los patrones de muertes por venganza entre los aldeanos se han desmantelado, en gran parte. Tan grande ha sido el cambio en la vida de los reclusos que el alcaide y el Gobierno etíope han invitado a MKC a iniciar ministerios en todas las cárceles del país.

La presencia del Espíritu Santo también hace que el testimonio verbal sea eficaz. Muchas iglesias que enfatizan al Espíritu Santo están creciendo del 10 al 12 por ciento al año. Casi todas las iglesias en crecimiento del Sur global poseen un evangelista. A menudo, este evangelista es un nuevo convertido que recibe un pequeño salario para dar testimonio y hacer el seguimiento del testimonio de los miembros de la congregación. La denominación de MKC agregó dieciséis mil nuevos miembros en el 2015.

¿Puede suceder esto en el Norte global?

La sorprendente respuesta al evangelio en África, Asia y Latinoamérica se relaciona parcialmente con las cosmovisiones que incluyen una fuerte creencia en el mundo espiritual. Así fue en tiempos de Jesús y de la iglesia primitiva. Durante la semana, la gente vive en un mundo en el cual creen que los espíritus malignos están activos. El domingo llegan a la iglesia y se alegran al saber que Jesús y el Espíritu Santo son más fuertes que esos espíritus. Cuentan relatos de cómo los familiares se sanaron mediante la oración, cómo los amigos superaron la depresión y cómo los vecinos fueron transformados.

Los anabautistas del Norte global podrían cuestionar si este tipo de fe y espíritu es posible también en sus iglesias. De alguna manera podrían ponerse a la defensiva y decir: "Vivimos en un mundo racional y científico, un mundo en el que todo debe ser probado y razonado. Las personas del Sur global están mucho más inmersas en el mundo de los espíritus".

Aunque esto es cierto, debemos recordar que los primeros anabautistas también vivieron en medio de la era de la razón y aun así experimentaron la renovadora y empoderadora presencia y obra del Espíritu Santo. Parece ser que, si ha de haber una fe saludable y vibrante, deberá haber un equilibrio entre la razón y la revelación.

El autor David Wiebe admite que, para la mayoría de los anabautistas contemporáneos del Norte global, "La obra del Espíritu Santo ha recibido 'poca atención' de los menonitas desde la Reforma radical. Quizás, en nuestro esmero por ser cristocéntricos, hemos minimizado al Espíritu Santo. Abrazar la obra del Espíritu Santo, que fue enviado por Cristo mismo, no hará que los anabautistas sean menos cristocéntricos, sino más aún".[8]

De hecho, muchas personas que en el Norte global están buscando una fe más profunda y comprometida se sienten atraídos a la fe anabautista por la razón. Las personas están encontrando que es razonable creer en la acción no violenta y la construcción de la paz. Están encontrando que es razonable interpretar las Escrituras a través de los ojos de Jesús. Es razonable creer que tanto el perdón como la obediencia gozosa son necesarios para la salvación. Como resultado, muchas personas de diversos trasfondos se están acercando a las expresiones anabautistas de la fe y de la vida.

Aunque nos regocijamos al ver la obra del Espíritu Santo, hacemos bien en atender la advertencia de Arthur Duck, presidente del Seminario Faculdade Fidelis de Brasil, quien expresa: "Cuando hablamos del Espíritu Santo, a menudo no nos ocupamos realmente del Espíritu Santo, sino de lo que el Espíritu puede otorgarnos: poder . . . Esta pregunta ya aparece en los Evangelios cuando los líderes judíos querían que Jesús hiciera un milagro en su presencia (Mateo 12.39) o cuando Herodes quería entretenerse con un milagro (Lucas 23.8-9)".[9]

Es necesario un énfasis saludable tanto en nuestra teología singularmente razonada como en nuestra confianza vivencial en el Espíritu Santo para acercar a las personas a la fe y la vida auténticas en Cristo. Se están presentando nuevas oportunidades de aprender unos de otros cuando los inmigrantes de las iglesias del Sur global plantan iglesias al lado de las nuestras, establecidas en el Norte global. Este hecho presenta oportunidades para la interacción y la ayuda mutua que pueden resultar en experiencias de transformación.

Todos los creyentes, tanto del Norte como del Sur, necesitan ser alentados en el conocimiento de que Jesús prometió enviarnos un Ayudante que sería un defensor, intercesor, consolador y maestro en tiempos de necesidad (ver Juan 14.16, 26; Romanos 8.26-27). Podríamos pensar en el Espíritu Santo como nuestro compañero experimentado. El Espíritu Santo provee los recursos que nosotros, los compañeros aprendices, necesitamos para hacer discípulos y reconciliar los conflictos.

¿Qué es esencial para el cristianismo anabautista?

Mediante el arrepentimiento, el estudio bíblico y la apertura al Espíritu Santo, las actitudes, las creencias y los estilos de vida de los primeros anabautistas fueron transformados. El Espíritu Santo los hizo personas de inspiración, coraje y testimonio eficaz. Concluimos que la apertura al Espíritu Santo era esencial para una expresión anabautista de la fe y continúa siendo un aspecto importante de una fe cristiana singular.

Luego de conversar sobre las preguntas que aparecen a continuación, lo invito a explorar en el último capítulo su postura en relación con los valores centrales, las preguntas claves y los signos de singularidad de la fe anabautista.

Preguntas para reflexionar y conversar

1. ¿Qué percepciones nuevas ha incorporado con respecto al Espíritu Santo?

2. Converse acerca de los siguientes énfasis que se encuentran en las diversas ramas de la fe cristiana.

Muchos cristianos enfatizan:	Los cristianos llenos del Espíritu enfatizan:
• El razonamiento naturalista, racional y científico.	El razonamiento sobrenatural, revelativo y guiado por el Espíritu.
• Ser humanamente entusiastas y positivos.	• Ser espiritualmente alegres y confiados.
• Trabajar como si todo dependiera de uno mismo.	• Trabajar como si todo dependiera de Dios
• Dejar que la propia vida sea el testimonio	• Tener coraje en el testimonio verbal.

3. ¿Qué podrían aprender las iglesias del Norte global de los ministerios del Sur global?

4. ¿Qué podrían aprender las iglesias del Sur global de los ministerios del Norte global?

5. ¿Qué hará usted para abrir su vida más plenamente al Espíritu Santo?

11

Reflexiones finales acerca de la esencia del anabautismo

Tú, por tu parte, persiste en lo que has aprendido y en lo que te persuadiste.
2 Timoteo 3.14

COMENCÉ ESTE ESTUDIO DICIENDO QUE PODEMOS FORTA-lecer nuestras creencias anabautistas sin ser competitivos ni hostiles hacia otros puntos de vista. Nos fortalecemos cuando aprendemos unos de otros. En estos diez capítulos describí lo que creo que son los aspectos esenciales de la fe cristiana desde una perspectiva anabautista. Estos han sido organizados en torno a tres valores centrales.

¿Cuáles son los valores centrales?

- *Jesús es el centro de nuestra fe.* Jesús es la clave para nuestra comprensión del cristianismo y nuestra interpretación de las Escrituras, y es a quien respondemos con nuestra máxima lealtad.

- *La comunidad es el centro de nuestra vida.* La comunidad se hace posible mediante el perdón horizontal, es el contexto para el discernimiento de la voluntad de Dios y a menudo se hace más significativa en grupos pequeños.

- *La reconciliación es el centro de nuestra tarea.* La reconciliación es central para establecer una relación con Dios, para tener relaciones personales armoniosas y para servir como constructores de la paz en un mundo lleno de conflicto.

El Espíritu Santo es esencial para la comprensión, la práctica y la eficacia de estos tres valores.

¿Cuáles son las preguntas claves?

Para resumir este estudio y estimular el diálogo, permítame realizar diez preguntas claves y ofrecer respuestas que recapitulen los valores centrales y las enseñanzas esenciales de la fe anabautista.

¿Qué es el cristianismo? El cristianismo no es principalmente una experiencia espiritual, un conjunto de creencias o una experiencia única de perdón. ¡El cristianismo es discipulado! Es seguir a Jesús en la vida diaria.

¿Cómo interpretamos las Escrituras? Los cristianos anabautistas no ven la Biblia como un libro plano, como la historia y el cumplimiento de Israel o como si señalara principalmente al

sacrificio de Cristo. Las Escrituras se interpretan mejor desde un punto de vista ético cristocéntrico, a través de los ojos y la naturaleza de Jesús.

¿Qué o quién es nuestra autoridad final? Los creyentes anabautistas no siguen ciegamente las órdenes humanas, ni las inclinaciones internas ni tampoco siquiera cada palabra de las Escrituras. Jesús es nuestra máxima autoridad. ¡Él es Señor!

¿Qué es esencial para la comunidad? Mientras que el perdón vertical es esencial para la salvación, el perdón horizontal es necesario para la comunidad. La iglesia es una comunidad perdonada y perdonadora de creyentes.

¿Cómo discernimos la voluntad de Dios? Tanto la meditación privada, por un lado, como que personas autoritarias nos digan qué pensar o hacer, por el otro, son modos inadecuados de discernir la voluntad de Dios. La voluntad de Dios se discierne más adecuadamente cuando los creyentes, guiados por el Espíritu, escudriñan las Escrituras y luego dan y reciben consejo en el contexto de la comunidad.

¿Cómo podríamos organizarnos para la comunidad y la rendición de cuentas? Aunque muchas iglesias de Norteamérica están bien organizadas y buscan servir a través de una variedad de programas, este no es el mejor modelo. La iglesia primitiva y el movimiento anabautista comenzaron en grupos pequeños, donde los miembros se confrontaban unos a otros y se hacían lo suficientemente fuertes como para confrontar al mundo.

¿Cómo reconciliamos a los individuos con Dios? La reconciliación con Dios puede comenzar con una experiencia de perdón, pero requiere de una decisión o una serie de decisiones de abandonar los pecados y las lealtades anteriores por la obediencia gozosa a Jesucristo. La fe y la obediencia deben ir de la mano.

¿Cómo reconciliamos a los miembros unos con otros? Ni pasar por alto el pecado ni tratar a los que obran mal con un severo castigo criminal son el modo de Jesús. Las personas que se equivocan o se desvían pueden volver a entablar una relación con Cristo y la iglesia a través de la regla de Cristo y la justicia restauradora.

¿Cómo se reconcilian los conflictos en el mundo? Por lo general, confrontar la violencia con violencia conduce a más violencia. Los seguidores de Cristo deben vencer el mal con el bien y buscar la paz mediante el trabajo por la justicia. Deben bendecir a aquellos que los persiguen. Deben estar dispuestos a someterse al castigo cuando tienen que desobedecer una orden secular que es contraria al seguimiento de Jesús.

¿Qué es esencial para la eficacia? La organización eficiente, el conocimiento superior y el liderazgo capaz son importantes, pero no garantizan la eficacia. La eficacia llega cuando los seguidores de Cristo permiten que el Espíritu Santo transforme sus pensamientos, sentimientos y acciones.

¿Cuáles son los rasgos de una fe singular?

A continuación, se presentan diez rasgos de una fe cristiana singular. Lea las afirmaciones y coloque una marca al lado de aquellas que describan su comprensión. Si halla que estas afirmaciones resumen sus comprensiones generales de la fe cristiana, considérese un cristiano de perspectiva anabautista.

_____ 1. Veo al cristianismo como discipulado y busco seguir a Jesús en la vida diaria.

_____ 2. Interpreto las Escrituras desde un punto de vista ético cristocéntrico.

_____ 3. He aceptado a Jesucristo como mi Señor a la vez que como mi Salvador.

____ 4. Creo que el perdón es necesario tanto para la salvación como para la comunidad.

____ 5. Discierno la voluntad de Dios mediante el estudio bíblico y el dar y recibir consejo.

____ 6. Afirmo que los grupos de encuentro cara a cara son básicos para la rendición de cuentas y para una iglesia vital.

____ 7. Creo que la transformación es el resultado de la obra de Dios y de mis respuestas a ese obrar.

____ 8. Busco resolver los conflictos a través de la justicia restauradora.

____ 9. Rechazo todas las formas de violencia y busco vencer el mal con el bien.

____ 10. He confesado públicamente mi fe en Jesús y estoy experimentando al Espíritu Santo en mi vida y ministerio.

Una bendición final

Que usted sea bendecido con una fe firme y un espíritu compasivo mientras comparte estos aspectos esenciales con aquellos cercanos a usted y también con aquellos de quienes está lejos. Que tenga la gracia de evitar la crítica falsa de otros puntos de vista mientras continúa fortaleciendo y compartiendo el propio.

Notas

Introducción

1 Harold S. Bender, "The Anabaptist Vision" (La visión anabautista), en *The Recovery of the Anabaptist Vision* (La recuperación de la visión anabautista), editado por Guy F. Hershberger, Scottdale, Pensilvania, Herald Press, 1957, pp. 29–54.

2 James C. Collins y Jerry I. Porras, "Building Your Company's Vision" (Construyendo la visión de su compañía), en *Harvard Business Review* 74, n.° 5, 1996.

3 Jeff Wright estuvo colaborando con una docena de nuevas comunidades para que se enraizaran en el pensamiento y la práctica anabautistas, mientras ejercía como ministro de conferencia de la Conferencia Menonita de Pacific Southwest. Ver Stuart Murray, *Anabautismo al desnudo: convicciones básicas de una fe radical*, Harrisonburg, Virginia, Herald Press, 2012; Alfred Neufeld, *Lo que juntos creemos: las 'convicciones compartidas' de las iglesias anabautistas menonitas*, Asunción, Paraguay, CETAP, 2007; John D. Roth, *Beliefs: Mennonite Faith and Practice* (Creencias: fe y prácticas menonitas), Scottdale, Pensilvania, Herald Press, 2005; y C. Arnold Snyder, *Anabaptist History and Theology* (Historia y teología anabautista), edición para estudiantes revisada, Kitchener, Ontario, Pandora Press, 1997.

4 Iglesia Menonita de la Conferencia General e Iglesia Menonita de EE. UU., *Confesión de fe desde una perspectiva menonita,* Scottdale, Pensilvania, Herald Press, 2000.

Una breve historia del cristianismo

1 Alan Kreider, *The Change of Conversion and the Origin of Christendom* (El cambio de la conversión y el origen de la cristiandad), Eugene, Oregón, Wipf & Stock, 2007, xiv–xvi.

2 Ver una biografía de Constantino en *A Dictionary of Christian Biography* (Un diccionario de biografía cristiana), editado por William Smith, vol. 1, Nueva York, AMS Press, 1974, pp. 623–49.

3 Murray, *Anabautismo al desnudo*, p. 62 de la edición en inglés.

4 Ver un bosquejo de la vida y teología de Agustín en *The Encyclope-dia of Christianity* (La enciclopedia del cristianismo), editado por Erwin Fahlbusch, vol. 1., Grand Rapids, Michigan, Eerdmans, 1999, pp. 159–65.

5 John D. Roth, *Stories: How Mennonites Came to Be* (Historias: cómo surgieron los menonitas), Scottdale, Pensilvania, Herald Press, 2006. El capítulo 2 contiene descripciones de la rebelión, las reformas y la renova-ción relacionadas con la Reforma.

6 Snyder, *Anabaptist History and Theology* (Historia y teología anabau-tista), pp. 114–17.

7 Walter Klaassen, *Anabaptism: Neither Catholic nor Protestant* (Anabau-tismo: ni católicos ni protestantes), Kitchener, Ontario, Pandora Press, 2001, p. 24.

8 Para comprender mejor las diversas corrientes del anabautismo, ver Snyder, *Anabaptist History and Theology*, parte B.

9 Ver nota 7 de esta misma sección.

10 Paul M. Lederach, *A Third Way* (Un tercer camino), Scottdale, Pensil-vania, Herald Press, 1980.

11 Para conocer fuentes relacionadas con temas que fueron importantes para los anabautistas, ver *Anabaptism in Outline* (Bosquejo del anabau-tismo), editado por Walter Klaassen, Scottdale, Pensilvania, Herald Press, 1981.

12 Wilbert R. Shenk, "Why Missional and Mennonite Should Make Per-fect Sense" (Por qué misional y menonita deberían tener perfecto sen-tido), en *Fully Engaged: Missional Church in an Anabaptist Voice* (Ple-namente comprometidos: la iglesia misional en una voz anabautista), editado por Stanley W. Green y James R. Krabill, Harrisonburg, Virginia, Herald Press, 2015, pp. 21–22.

13 Bender, *La visión anabautista*, Guatemala, Semilla, 1994, pp. 29–30 de la versión en inglés.

Capítulo 1

1 Kreider, *Change of Conversion* (Cambio de conversion), xiv–xvi.

2 Theodore Runyon, *The New Creation: John Wesley's Theology Today* (La nueva creación: la teología de John Wesley en la actualidad), Nashville, Abingdon Press, 1998, cap. 5.

3 J. I. Packer, entrevista con el autor, abril de 1991.

4 Doris Janzen Longacre, *Living More with Less* (Vivir más con menos), edición aniversario (Harrisonburg, Virginia, Herald Press, 2010, pp. 28–29.

5 Michele Hershberger, *God's Story, Our Story* (La historia de Dios, nuestra historia), Harrisonburg, Virginia, Herald Press, 2013, pp. 70–71.

6 Texto extraído de "The Mennonite Dream" (El sueño menonita), de David Augsburger, *Gospel Herald* 70, n.° 45 (1977), pp. 855–56, reimpreso del panfleto n.° 147, *The Mennonite Hour*.

7 César García, mensaje por correo electrónico al autor, 5 de febrero de 2016.

Capítulo 2

1 Sara Wenger Shenk, "Anabaptist Schools, Scripture and Spiritual Awakening" (Escuelas anabautistas, despertar espiritual y de las Escrituras), *The Mennonite*, 13 de noviembre de 2015, https://themennonite.org/feature/anabaptist-schools-scripture-and-spiritual-awakening/.

2 Roth, *Beliefs: Mennonite Faith and Practice* (Creencias: fe y prácticas menonitas), p. 38.

3 C. Arnold Snyder, *De semilla anabautista,* Kitchener, Ontario, Pandora Press, 1999, pp. 12–13 de la versión en inglés.

4 Klaassen, *Anabaptism in Outline* (Bosquejo del anabautismo), pp. 23–24, 72–73, 140ss.

5 Bruxy Cavey, "Walking in Receiving and Giving" (Caminar en el recibir y el dar), sermón en la asamblea del Congreso Mundial Menonita en Harrisburg, Pensilvania, 25 de julio de 2015).

6 Peter Kehler sirvió como misionero en Taiwán desde 1959 hasta 1975 y desde 1991 hasta 1993.

7 Ervin Stutzman, mensaje por correo electrónico al autor, 31 de enero de 2016.

8 John Powell, mensaje por correo electrónico al autor, 25 de enero de 2016.

9 Marion Bontrager, "Introduction to Biblical Literature" (Introducción a la literatura bíblica), Hesston College, Kansas.

10 Gayle Gerber Koontz, "The Trajectory of Scripture and Feminist Conviction" (La trayectoria de las Escrituras y la convicción feminista), en *Conrad Grebel Review* 5, n.° 3, 1987, p. 207.

11 Grace Holland, "Women in Ministry/Leadership in the Church" (La mujeres en el ministerio/El liderazgo en la iglesia) en *Windows to the Church: Selections from Twenty-Five Years of the Brethren in Christ History and Life* (Ventanas a la iglesia: selecciones de veinticinco años de historia y vida de los Hermanos en Cristo), editado por E. Morris Sider, Grantham, Pensilvania, Brethren in Christ Historical Society, 2003, p. 111.

12 Michele Hershberger, "Reading the Bible through a Missional Lens" (Leer la Biblia a través de una lente misional), en *Fully Engaged,* de Green y Krabill, p. 180.

13 Citado en Paul Schrag, "Claiborne: Make Holy Mischief" (Claiborne: hacer una travesura santa), *Mennonite World Review,* 29 de feberero de 2016.

14 *Confesión de fe desde una perspectiva menonita,* pp. 21–24.

Capítulo 3

1 Walter Wink, *The Powers That Be: Theology for a New Millennium* (Los poderes establecidos: teología para un nuevo milenio), Nueva York, Doubleday, 1998, p. 39.

2 Ver especialmente el capítulo 6 de *Politics Under God* (Políticas subordinadas a Dios), de John D. Redekop, Scottdale, Pensilvania, Herald Press, 2007.

3 Ibíd., cap. 6.

Capítulo 4

1 Roberta Hestenes, discurso en el curso "Building Christian Community through Small Groups" (La construcción de la comunidad cristiana a través de grupos pequeños), Seminario Teológico Fuller, Pasadena, California, 12 al 23 de mayo de 1986).

2 Dietrich Bonhoeffer, *El costo del discipulado* (Createspace Independent Publishing Platform, 2012), p. 47 de la versión en inglés.

3 Martin Luther King Jr., citado en *USA Today Network,* 18 de enero de 2016.

4 April Yamasaki, *Sacred Pauses: Spiritual Practices for Personal Renewal*

(Pausas sagradas: prácticas espirituales para la renovación personal), Harrisonburg, Virginia, Herald Press, 2013, p. 74.

5 Ken Sande, *Pacificadores: una guía bíblica para resolver conflictos personales*, 3ᵃ edición en español, Puebla, Puebla, México, Ediciones Las Américas, 2008, pp. 105–17.

6 Para una explicación más extensa acerca del perdón transaccional y posicional, ver la versión en inglés: *The Peacemaker: Biblical Guide to Resolving Personal Conflict (El pacificador: una guía bíblica para resolver conflictos personales)*, Grand Rapids, Michigan, Baker Books, 2004, p. 190.

7 El término en inglés *forgrieving*, traducido aquí como 'perdón de lamento', fue acuñado por David Augsburger, personal del Seminario Teológico Fuller, Pasadena, California.

8 Suzanne Woods Fisher, *The Heart of the Amish: Life Lessons on Peacemaking and the Power of Forgiveness* (El corazón de los amish: lecciones de vida sobre hacer la paz y el poder del perdón), Grand Rapids, Michigan, Rebell, 2015, p. 90.

9 Ibíd., p. 23.

Capítulo 5

1 John H. Yoder, traductor y editor, *The Schleitheim Confession* (*La confesión de Schleitheim*), Scottdale, Pensilvania, Herald Press, 1973, 1977.

2 Información extraída del curso de Michael Green "The Gospel of Matthew" (El Evangelio de Mateo), Regent College, Vancouver, Columbia Británica, 1988.

3 Byron Weber Becker, entrevista con el autor en mayo de 2016.

4 Jessica Reesor Rempel, correspondencia con el autor del 9 de febrero de 2016.

5 John Powell, correspondencia con el autor.

Capítulo 6

1 Takashi Yamada en una conversación con el autor en julio de 1978.

2 William A. Beckham, *La segunda reforma: un nuevo estilo de vida celular para la iglesia*, Barcelona, España, Clie, 2004, pp. 25–26 de la versión en inglés.

3 Reta Halteman Finger, *Of Widows and Meals: Communal Meals in the*

Book of Acts (De viudas y comidas: comidas comunitarias en el libro de los Hechos), Grand Rapids, Michigan, Eerdmans, 2007, pp. 4–6.

4 Roberta Hestenes, "Definition of a Small Group: What Christian Small Groups Do" (Definición de un grupo pequeño: qué hacen los grupos cristianos pequeños), discurso en el Seminario Teológico Fuller en Pasadena, California, 12 de mayo de 1986.

5 Stutzman, correo electrónico.

6 Conrad L. Kanagy, Tilahun Beyene y Richard Showalter, *Winds of the Spirit: A Profile of Anabaptist Churches in the Global South* (Vientos del Espíritu: un perfil de las iglesias anabautistas del Sur global), Harrisonburg, Virginia, Herald Press, 2012, p. 59.

7 Ibíd., p. 29.

Capítulo 7

1 Robert C. Solomon, *The Big Questions* (Las grandes preguntas), San Diego, HBJ Publishers, 1990, p. 47

2 Snyder, *Anabaptist History and Theology* (Historia y teología anabautista), p. 419.

3 Ibíd., p. 87.

4 Ibíd., p. 419.

5 Jim Wallis, *The Call to Conversion* (El llamado a la conversión), San Francisco, HarperOne, 2005, p. 4.

6 Myron S. Augsburger, introducción a *Probe: For an Evangelism That Cares* (Sondeo: por un evangelismo al que le importa), editado por Jim Fairfield, Scottdale, Pensilvania, Herald Press, 1972, p. 7.

7 David Schroeder (1924–2015) fue un profesor de Biblia muy respetado de la Universidad Menonita de Canadá (antes Canadian Mennonite Bible College), Winnipeg, Manitoba.

8 Albert J. Wollen me compartió este gráfico luego de dirigir un taller sobre grupos pequeños en la Iglesia Menonita Peace, de Richmond, Columbia Británica, en 1987.

9 Iglesia Menonita de EE. UU., "Anhelando el reino venidero de Dios: Una visión misional y Plan con Propósito para la Iglesia Menonita de EE. UU.", Elkhart, Indiana, 2014, p. 3, http://mennoniteusa.org/wp-content/uploads/2015/03/PurposefulPlan_2014Feb25.pdf.

10 Darren Petker, "Dying for Change" (Muriendo por el cambio), *Mennonite Brethren Herald*, diciembre de 2013, p. 19, http://mbherald.com/dying-for-change/.

11 Rick Warren, *Una vida con propósito*, Editorial Vida, 2012, p. 183 de la versión en inglés.

12 Willy Reimer, "Being a Denomination Led by the Holy Spirit" (Ser una denominación guiada por el Espíritu Santo), *Mennonite Brethren Herald*, 1° de marzo de 2014, http://mbherald.com/being-a-denomination-led-by-the-holy-spirit/.

13 Franklin Littell, *The Anabaptist View of the Church* (La visión anabautista de la iglesia), Boston, Massachusetts, Starr King Press, 1958, p. 1.

14 Hyoung Min Kim, *Sixteenth-Century Anabaptist Evangelism: It's Foundational Doctrines, Practices, and Impacts* (Evangelismo anabautista del siglo XVI: sus doctrinas fundacionales, prácticas e impactos), disertación doctoral, Seminario Teológico Bautista Southwestern, 2001.

15 John K. Stoner, Jim Egli, y G. Edwin Bontrager, *Life to Share* (Vida para compartir), Scottdale, Pensilvania, Mennonite Publishing House, 1991, p. 27.

16 Hans Kasdorf, "Anabaptists and the Great Commission in the Reformation" (Los anabautistas y la Gran Comisión en la Reforma), *Mennonite Quarterly Review* 4, n.° 2, 1975, pp. 303–18.

17 Wolfgang Schaeufele, "The Missionary Vision and Activity of the Anabaptist Laity" (La visión misionera y la actividad del laicado anabautista), *Mennonite Quarterly Review* 36, 1962, pp. 99–115.

18 Probe (Sondeo) '72, Mineápolis, Minnesota, abril de 1972.

Capítulo 8

1 Rick Warren, *Una iglesia con propósito*, Editorial Vida, 1999, p. 158 de la versión en inglés.

2 Walter Klaassen, *Living at the End of the Ages* (Vivir en el final de los tiempos), Lanham, Mariland, University Press of America, 1992, p. 211.

3 Modificado de *Mediation and Facilitation Training Manual: Foundations and Skills for Constructive Conflict Transformation* (Manual de capacitación para la mediación y facilitación: fundamentos y habilidades para la transformación constructiva del conflicto), 4ᵗᵃ ed., Akron, Pensilvania, Mennonite Conciliation Service, 2000, pp. 31–33.

4 Howard Zehr, *El pequeño libro de la justicia restaurativa*, San Lorenzo, Paraguay, CETAP, 2012, p. 6 de la versión en inglés.

5 *Minister's Manual* (Manual de ministros), editado por John Rempel, Scottdale, Pensilvania, Herald Press, 1998.

6 *Hymnal: A Worship Book* (Himnario: un libro de adoración), Scottdale, Pensilvania, Mennonite Publishing House, 1992, n.º 777.

7 Murray, *Anabautismo al desnudo*, 122–23 de la edición en inglés.

8 Marlin Jeschke, *Disciplina en la iglesia*, Ediciones Semilla, p. 16 de la versión en inglés.

9 Stutzman, correo electrónico.

Capítulo 9

1 Cavey, "Walking in Receiving and Giving" (Caminar en el recibir y el dar).

2 Ervin R. Stutzman, *From Nonresistance to Justice: The Transformation of Mennonite Church Peace Rhetoric 1908–2008* (De la no resistencia a la justicia: la transformación de la retórica de la paz de la Iglesia Menonita 1908-2008), Scottdale, Pensilvania, Herald Press, 2011, p. 284.

3 Dietrich Bonhoeffer, *Ética*, Madrid, España, Editorial Trotta, 2000, p. 79 de la versión en inglés.

4 Murray, *Anabautistmo al desnudo*, p. 151 de la edición en inglés.

5 James C. Juhnke y Carol M. Hunter, *The Missing Peace: The Search for Nonviolent Alternatives in United States History* (La paz que falta: la búsqueda de alternativas no violentas en la historia de los EE. UU.), Kitchener, Ontario, Pandora Press, 2004.

6 Murray, *Anabautismo al desnudo*, p. 150 de la edición en inglés.

7 Snyder, *De semilla anabautista*, pp. 42 y 44 de la versión en inglés.

8 Ver el video de PBS por Gary Weimberg y Catherine Ryan, *Soldiers of Conscience* (Soldados de la conciencia), American Documentary, Inc., 2008, www.pbs.org/pov/soldiersofconscience.

9 Ronald J. Sider, *Nonviolent Action: What Christian Ethics Demands but Most Christians Have Never Really Tried* (Acción no violenta: lo que demanda la ética cristiana pero que la mayoría de los cristianos no han intentado realmente), Grand Rapids, Michigan, Brazos Press, 2015, xiii.

10 Gene Sharp, *Politics of Nonviolent Action* (La política de la acción no violenta), vol. 2, Boston, Massachusetts, Porter Sargent, 1973.

11 Sider, *Nonviolent Action*, xv.

12 Ibíd., pp. 146–50.

13 Sarah Thompson, "Moving Toward Conflict and the Beloved Community" (La transición hacia el conflicto y la comunidad amada), *The Mennonite*, 18 de enero de 2016, https://themennonite.org/moving-towards-conflict-and-the-beloved-community/.

14 Papa Pablo VI, "Mensaje de Su Santidad Pablo VI para la celebración de la V jornada de la paz", 1° de enero de 1972.

15 Bonnie Price Lofton, "Oakland Youth Transformed by Restorative Justice Practices" (Los jóvenes de Oakland son transformados por las prácticas de justicia retaurativa), *The Mennonite*, 27 de mayo de 2015, https://themennonite.org/daily-news/oakland-youth-transformed-by-restorative-justice-practices/.

16 "Brief History of Conscientious Objection" (Breve historia de la objeción de conciencia), modificado por última vez en noviembre de 2007, https://www.swarthmore.edu/library/peace/conscientiousobjection/co%20website/pages/HistoryNew.htm.

17 Palmer Becker, "I Was Ready to Fight" (Yo estaba preparado para luchar), *Our Faith Mennonite Digest,* primavera de 2004, p. 9.

18 Ejemplos adicionales incluyen los Ministerios de Compasión BIC de Zambia, la Organización de Desarrollo de los Hermanos Menonitas de la India, el Servicio Diakonia Menonita de Indonesia, el Centro Anabautista de Corea, Christlicher Dienst de Alemania, el Centro Cristiano para la Justicia de Colombia, el Comité Central Menonita de Canadá, el Comité Central Menonita de EE. UU. y Servicio Menonita ante Desastres.

19 Laura Kalmar, "The God-Bearing Life ... of a Magazine" (La vida portadora de Dios... de una revista"), *Mennonite Brethren Herald*, junio de 2015, p. 4.

Capítulo 10

1 J. B. Toews, "Spiritual Renewal" (Renovación espiritual), en *The Witness of the Holy Spirit: Proceedings of the Eighth Mennonite World Conference (El testimonio del Espíritu Santo: actas del octavo Congreso Mundial Menonita*, editado por Cornelius J. Dyck, Elkhart, Indiana, Congreso Mundial Menonita, 1967, pp. 56–63.

2 Peter Klassen, "The Anabaptist View of the Holy Spirit" (La visión anabautista del Espíritu Santo), *Mennonite Life* 23, n.º 1, 1968, pp. 27–31.

3 Klaassen, *Living at the End of the Ages*, cap. 4.

4 Menno Simons, *Complete Writings of Menno Simons (Los escritos com-
pletos de Menno Simons)*, traducido por John Funk, Elkhart, Indiana,
1870, p. 496.

5 Walter Klaassen, "Spiritualization in the Reformation" (La espirituali-
zación en la Reforma), *Mennonite Quarterly Review* 37, 1963, pp. 67–77.

6 Richard J. Foster, *Celebración de la disciplina: hacia una vida espiritual
más profunda,* Miami, Florida, Peniel, 2009, p. 5 de la edición en inglés.

7 Las estadísticas derivaron de la combinación de los hallazgos de Kanagy, Beyene y Showalter informados en *Winds of the Spirit* (Vientos del
Espíritu) con aquellos informados por el Congreso Mundial Menonita en
la *Guía Mundial, 2015*.

8 David Wiebe, comentario de *Winds of the Spirit* (Vientos del Espíritu)*,*
Kanagy, Beyene y Showalter, *Winds of the Spirit*, *Mennonite Brethren Herald*, 1º de enero de 2013.

9 Arthur Duck, "Exuberance for the Spirit: Acts 2 from a Brazilian Per-
spective" (La exuberancia para el Espíritu: Hechos 2 desde una pespectiva
brasileña), *Mennonite Brethren Herald*, 1º de junio de 2011.

Acerca del autor

Palmer Becker ha servido a la iglesia como pastor, plantador de iglesias, misionero, ejecutivo de conferencia, autor y educador. Egresado de Goshen College, del Seminario Bíblico Anabautista Menonita, de Regent College y del Seminario Teológico Fuller, Becker dirigió recientemente el programa de ministerios pastorales de Hesston College. Su librillo ¿Qué es un cristiano anabautista? fue traducido a veinte idiomas. Palmer y su esposa, Ardys, viven en Kitchener, Ontario, y son miembros de la Iglesia Menonita de Waterloo. Tienen cuatro hijos adultos.